AF139027

Danke!
An alle namentlich erwähnten,
außer 3.973 und 9.266.

Über den Autor:
Christian Orschmann lebt.

Mail: christian@vornamen-unsortiert.de
Web : www.vornamen-unsortiert.de
Tel.:   03212 / 10 40 190

Christian Orschmann

Vornamen
[unsortiert]

Bibliografische Information der Deutschen Nationalbibliothek:
Die Deutsche Nationalbibliothek verzeichnet diese Publikation in der Deutschen Nationalbibliografie; detaillierte bibliografische Daten sind im Internet über http://dnb.dnb.de abrufbar.

© 2016 Christian Orschmann

Fotos: Der Autor
Herstellung und Verlag: BoD – Books on Demand, Norderstedt

ISBN: 978-3-7386-**4547-7**

Vorwort
Von Prof. Dr. Manfred Schorlemmer

„In einer immer mehr unübersichtlichen Erde, sind es die kleinen Ausnahmen, die unsere Welt ein wenig schöner machen. Ein haptisches Buch mit einem inspirirenden Inhalt. Suchen, finden, aufspüren, Wissen und Spaß sind in diesem Buch vereint.

Gelegentlich dachte ich, welche Freude mußte der Autor beim Schreiben dieser Zeilen gehabt haben, welche tiefgründige Seele steckt hinter dem Schatten seines Gesichtes.

Ein Aufbruch, ein Gassenhauer, eine Blume im Winde unserer schnellen Welt. Die Anwendung als süße Frucht des Erlebens und die knallharte Wahrheit, das es mehr gibt als nur mich, sie als Leser oder da draußen. All das finden Sie hier. Keine Long-Term Strategy, kein Consulting, pure Tropfen des Seins. Oder das was übrig ist.“

Egemen César Lenelore Duncan Joceline
Amalbert Sieglind Maximiliane Gus Darcan
Rachele Foka Nada Rata Anica Fernando
Natalie Nordrun Fitzroy Corinna Dania
Gerfied Eren Volbert Weerta Meral Roosa
Maud Severina Christdore Richmut Drago
Reimbert Ensfrid Carlrichard Gualtiero Allo
Jolande Lance Huffie Elfe Laurin Selcen
Timon Gerbrug Lukrezia Akdogu Paddy

Britt # Oddo Mitch Maya Alphan

Josepha Enne Durali Corey Josias Fränze
Bernard Serverus Wendelburg Samir
Haubert Carmel Dale Eulalie Ode Renata
Emilia Maurice Albero Barnes Yves Teemu
Alara Cäsar Christfried Cevdet Werta

Algonde # Dillon Ermina

Khalida Korona Waldeberta Amadea
Ozeana Sedat Camilo Ingtraud Christer
Baskurt Aggy Gera Grimald Gustava
Hadwig Klement Iwana Burger Rosinie
Amadé Reimbold Inigo Darnell Aktac
Hamsa Ekfried Iida Wilhelma Erkam
Garrelt Brayden Britte Gereon Jaakoppi

Kelleigh Job Amarante Ralph Kennedy
Cilly Bodwald Luka Otte

Amelinde Hudes

Krystof Semih Aykut Akay Ricco Catherine
Rixa Ruthard Eugenia Ursus Gerrit Gerko
Immo Eljas Gernot Fidel Reginlind Riitta
Dines Ethelbert Egidius Eberhelm Aurica
Emeram Dragan Rulle Melanie Elfi
Setanay Ulas Lilli Harun Chita Yrjö Claudia
Gabe Ottomar Kassidy Raphael Eevert
Jascha Cheri Meline Viviane Edgardo
Eginhard Wehrhart Ginette Annamira
Gretlies Stasi Fridolin Veritas Adriane
Juliuschka Rambod Mina Antonia Aytekin
Cincinnato Til Vroni Kjetil Harbert Kim
Florenzia Harmkedina Kamil Eero
Geraldine Hammam Knud Cahit Armei
Egilof Benedicto Klaudia Perry Jannina
Coloman Margrit Chet Freddy Emrah
Lutwin Witta Keith Frogard Cosima Monty
Saruhan Asad Lottelies Othild Eliseo
Beatrice Hilka Regnerus Jeannine Halis
Ellionor Mai Ingegerd Sima Mitchell
Addison Ernesto Wolfried Kustavi Eerika
Guillem Ridolfo Tyler Ilmi Nigel Kinge
Heyman Gosbert Daniela Miguela Nico

Obbe Kathleen Clayton Bogeslaw Ingrid

Wahid Crisia # Botmar

Meika Mariona Pancho Folkwein Kort
Nikola Reinbert Ay Isaac Aysar Mingo
Anastasie Klaus Holdine Duray Gietje
Börries Eitel Blanchette Baschir Cölestin
Kayly Mikola Breandan Bele Caden
Adalbot Buschra Kermit Baldger

Robine Dietmut Corrado

Mertay Samira Balzer Henk Erpho Anastas
Mirek Beckie Norhild Hartmann Segimer
Recep Clemens Jarmo Reinka Ray Junus
Ebergard Ansbert Neelkea Kaitlynn
Abachum Kalypso Boleslav Elsche Klemen
Domenica Ragnhild Rada Robinson
Guschi Agneta Arkó Candogan Eilika
Reiner Benedictus Normandia Rosana
Dario Hilko Aarto Servias **Meinharde**
Gustav Luto Gadar Mejer Elias Adelgonde
Benny Liisa Bechthold Adriaan Hinderk
Tale Gretlies Gustaf Camillo Krikor
Emanuel Bernhard Hartel Gistraud Damon
Dogan Yvette Nike Ivana Helene Feliu Kofi

Chastity Richlinde Freddo Adelgundis

Benedict Cecilie Nabila

Patrizia Egon Alison Juha Lyse Waldegund
Mo Florencio Winfriede Alya Philomena
Recha Maaria Grizel Sam Brixius Helmold
Cetinel Tracy Xavier Ingemar Ersin Eckhart
Viktoria Gobbo Amalgunde Erte Carmina
Sieghilde Heiri Karolin Cosmas Jess
Rosaria Edelberta Brooklyn Errol Fiorella
Frodehilde Angelikus Ludowika Cherie
Seija Kaan Gustinus Duhan Jude Andac
Bidjan Walda Eckhard Sturmius Clarita
Brunohold Bras Aloisia Reinholdis
Honorius Agueda Ilse Asja Servaas Raoul
Kord Miroslav Edelmire Undine Kalixtus
Billy Violetta Charlene Cavus Pauli Rosie

Anicet Alfrada Chalid

Mindy Karlfred Bodo Kristine Varma Kian
Ike Disibod Schwanhilde Arwa Vitus
Selene Engelbrecht Clinton Swanhilde
Yasir Austina Lore Joselyn Azra Amy
Lobgott Amalie Jed Leah Ana Regan
Feddo Sakarija Etiennette Liana Töns

Eberhart Christofer Madelyn Beppo Dena
Erkenfried Chantel Kezban Heie Cagdas
Sukaina Igor Fei Goldie Lavrentj Ingerose
Jelle Dorkas Salvatore Aidan Percy
Griselde Gundeberga Anja Arnim Ertek
Kata Atakhan Florenz Clarissa Stéve
Lenka Nestori Felicidad Gerburg Dany
David Keara Burkhardt Anianus Katka Dirik

Giseltrud Geffrey

Herko Ortlinde Medardus Araldo Marisol
Gorius Adalwulf Barlas Kaitlin Gerg Janet
Elsie Boas Elgard Bonita Eila Raimer Eino
Heidy Ersoy Muriel Aleksandar Kálmán
Atalay Boranalp Lucretius Kerim Almar
Vanja Meino Ferdinande Elessio Lüder
Milly Ullus Ertem Ebbert Iso Kühnemund
Elo Bram Henning Kristin Roland
Archimbald Deana Malachias Berkan

Nuruddin Burk

Lenardo Alisa Dragomira Usama Gianna
Donewald Mahatma Erlebold Söncke Mag
Dima Gundela Annabeth Waldemar Lutz
Felicita Lewis Necmettin Carlhorst Kalysta

Canbey Bennet Jewel Ani Khalil Viola
Annemone Candida Adje Melican Eigel
Nata Liza Bryant Elga Hamida Claes Ilmari
Griffin Inno Gaius Kerstin Neidhard Abdias

Boy Gard # Veil Jörgen Dag Ernst

Bjarni Erick Adalbald Eckwin Mainart
Hartwig Anssi Siegwart Christoff Rachelle
Medea Erlandus Adorata Burcak Bavo
Veidl Agnes Abboud Otso Belgin Aquilin
Bertrade Andries Noëlle Gört Berti Evarist
Raumjana Maiju Erentrud Blanda Henrique
Joshua Clement Marei Lauryn

Piroschka Auri Nantje Gorm Borchard
Marke Christus Linford Arvid Zarah
Ingetraud Basbug Leopold Eustachia Rikki
Richhild Ingmar Armaldo Andor Wedik
Barnaby Stuart Iiris Ramazan Filippa

Munawwar Hamlet # Rouven Dietrich
Eilt Ludgerus Billhard Meik Kirstie Olberich
Svenja Cirila Baxter Ebert Humbrecht Irene
Kareen Gallus Nana Eugène Fabijan
Marieke Telse Hortense Taito Justus
Jeremy Temme Sigismond Liselotte Rana
Imme Ingo Julienne Ernsthelmut Raimunde
Norberta Khamisi Edmont Honorata

Fraukeline **Jendrik** Cilia
Ellinor Elly Heymann Ceyhan Mirkka
Bertwald Botwin Teijo Mahmut Maxine
Rida Rappert Idzi Cajetan Braden Basar
Schakir Erkan Marieliese Elva Vincenzo
Aloyse Alphart Kenny Palle Modesto Keld
Betram Umma Christo Livio Nonne
Nonfried Hasse Bendt Lilja Tanya
Micheline Maude Nevzat Thorgert Kallias
Khara Affonso Beliz Joky Edelmar Ruperta
Heron **Susanne** Lilian Lamprecht Altfried
Baltfried Ekwin Gwynn Chresta Zachariah
Maleen **Laila** Rami Baan Bekam Ann Bette
Carlton Ewaldt Görtz Kaj Necat Eibo Roff
Eemil Seyma Ambre Angelico Ägidius
Ruodi Piritta Mary Adolfi Dietwin
Halilibrahim Fi Ottheinrich Casimir
Suzanne Constance Melba Into Milja Milka
Augustin Eta Julio Ireen

Christabel Munja

Manuella Mariam Tarvo Ziska Kimberleigh
Eweline Burhan Carz **Sigismondo**
Blanka Albruna Geelke Jamal Eggert

13

Gabriella Bors Conni Egberta Franja
Helimar Adelwin Imre Juhani Sipi Ona
Maralda Barbie Zoi Paale Renato Miska
Ladislava Helge Colja Ilsa Klausjürgen Mel
Hulda Othenio Kunibert

Lola Burghardt Roselene Broocke Owe
Audoin Majo Elsa Eckehart Kalervo

Giacinta Natali Jesper Waldtraud June
Jesko Haimo Tam Fahd Ramon Zainab
Meg Irena Reimo Adolar Bénoit Jürg Jam
Eske Neslihan Jocky Claudio Seray
Agostino Amabel Daem Laurie Wendolin
Hillegonde Lavina Pim Theomilla Cédéric
Liane Gertie Cagatay Miklós Boranbay

Chelly Castor Afsar Annetrud Miloslaw
Adalbaldus Kyösti Hunfried
Bleikard Elsbe Carlfriedrich Maggie
Ecehan Hosannah Zitta Rolfpaul Huda
Kwaku Faye Kei Honoria Karim Grischa
Adelbert Petra Lyyli Licianne Antto Edy
Luca Annestine Cecilio Elef Tela Tatjana
Terho Ariald Nelson Marge Saskia Ilka
Lambertine Leonardo Mukhtar Hilla
Bartlomiej Gethsemane Brooke Joonatan
Erkut Dierck Kati Michèle Rut Bogaçhan
Kipling Gorch **Mona** Börge Meagan
Arngrim Daniella Eral Andrzej Thora
Geronimo Baldegunde Hellmut Landolf

Heio Mirja Magna Engin Briddy
Callie Reinburga Cai Jane Behar Abou
Salvator Raul Tarra Volkhild Chrodegang
Kairan Frowine Kliment Lee Atta Geertke
Cagla Redward Birgith Liebert Donna Yeter
Rose Natalija Melvin Maart Lila Joan Soili
Leonidas Uolevi Kaden Modest Haro Clif
Wittekind Edmund Kayley Ilsabe Neil Kurt
Ib Rainald Asker Magnolia Ammo Bardulf
Wolfgund Roald Elit Christophora Sergej
Chalida Orania Sebastian Emilee Aaltje

Darius Kathy Derman Nikkel Kuno Salli
Johann Faigel Adalgard Phöbe Sinold
Wedigo Alker Meinhilde Gertruida
Garbrand Hedy Kunigonde Frankobert

Bridget Berksu Juthe Impi Jim Ivan
Alouis Wilburg Martha Aleksei Gregorius
Folina Ehrich Zenon Ermengard Dagmar
Arvi Ernestino Serhat Riklef Aapeli Shelley
Ada Alexis Quirin Landuin Magdolna Bane
Trudbert Marlis Erdogmus Heilgard

Apollinus King Gundalena Cory Art Kajus
Rico Jeffery Freya Blankard Fancy
Krzysztof Otker Benil Vivica Kerstina
Dorothea Estefania Leuthold Ertekin Gilroy
Elof Tajjib Alexius Cell Baltram Chaleed
Altje Imani Daver Erltraud Fulberta Yorick
Khayyam Ibo Naja Lionne Volkhard Libeth
Emma Clyde Bruce Durgun Ratgard
Limone Edgar Jonah Karia Keeley
Rodewald Wikhard Bastiano Gotlindis Elko

Gizem Hanns Gunder Kristie Jasper
Connor Marianna Elsabea Nanny Nallo
Oswalde Tomi Içim Den Valéry Annemie
Ernstwilhelm Trautwin Berkay Anneheide
Magdalen Oswin Roxanne Reijo Doriano
Lotta Wenzel Rickard Ettina Eikea

Edwardo Finella Mildburg Abd Sadjida
Niketius Dewitt Geoffroi Glukel Cate
Swana Mable Loana Ehm Magnhild
Brenden Kareem Husain Micaela Subaia
Dragomir Erltrud Hiltrud Amanda Bertolt
Tanko Claude Tomy Elissa Arnbjørn
Heidemaria Noemi Ante Aldwin Armi
Gherardo Ebbe Brunke Frederick
Engelram Renee Raffael Veruschka
Cecilius Tinette Hänsel Rosanna Gepa
Rosette Bronislaus Otlinde Agnessa Moritz
Jeronimo Françoise Khayriyya Koppel
Edelbert Ria Jucunda Kendall Engelberta
Brenna Denny Nazire Friedeger Sierk
François Gebba Giacomo Houda Roberta
Editha Iduna Leonz Matti Farrah Hilding
Eusebius Shelby Wolfheinrich Virginie
Lucianus Traci Carmelina Katarzyna
Nikodemus Kennard Eginbert Reina Mayte
Gaétan Roxana Reimbald Klas Isabelle
Klair Armando Notger José Beril Kyrillus
Ata Endric Annia Lorenz Ottokar Nanni
Elard Madeline Harry Brünhilde Jennifer
Kuba Ansetraud Gaddo Lela Milko Ehrhard
Toygun Josiah Valerius Eielt Tarja
Methodius Altin Leik Kristia Judd Ladinka
Niels Waldburga Thorger Illy Walbert
Benso Hannes Brita Rhoda Amatullah

Catriona Borries Columbine Branka
Celestin Cordt Mara Cal Gleb Kaia
Ambrogio Maimuna Lorella Agnese Brand
Julian Hansjürgen Burgihild Sigune
Amalfriede Calla Erfried Célino Bagishan
Almarich Connie Mya Adelfrieda Doga
Erkentraud Elizabeth Jette Herluf Minika
Gregers Jochim Huey Bibi Feige Ekhardt
Carmelia Jakub Eugen Dedo Zadok
Bernried Kin Corinne Jeanette Konstantyn
Klementine Eustasius Nannette Viona
Nathaniel Gaspar Halvor Emre Jussi
Mikael Hadelind Etem Ehrhardt Ludger
Beate Leontine Hunter Pero Nils Ippolito
Tariq Priscus Charlot Guenevere Edmar
Arn Krispina Corona Estéban Xenos Clas
Ermenbald Gothild Malenka Jano Eilfried
Ludo Raija Bugrahan Ermanarich Riccarda
Damir Jérémie Sharla Camille Nandor
Verena Keenan Marco Nicholas Gale Kaija
Elma Alderk Melike Chip Larry Eden Eddy
Fifi Sownja Kutay Kitty Bethina Otmun
Madjid Kubilay Ertay Morgana Harvie
Barthold Agnar Bea Melvina Salahuddin
Heila Hennes Casper Cristina Magdali
Richardis Reinharda Kaino Zerline
Leopoldine Klaes Salwija Nikita Teodora
Ecki Walberta Heikki Bobbie Grady Kaleb

Adalbert Tero Rathild Ainers Leica
Hemminki Corny Amede Ludgar Hartley
Cevri Jeldrik Alff Tugberk Rollo Eico
Anncharlott Siegolf Kerem Nikol Corvinus
Philo Edis Fortuna Hanaa Einharde Edi
Coelestin Denis Ajjub Drewes Gavino
Reinar Emmo Otli Kolumba Cevat
Fredegonda Basto Haike Kristina Rantwig
Ehrenhard Yahya Carlotta Cosetta
Irmela Luisa Douglas Tana Desiree
Sulpiz Léonard Arden Nia Juli Kunimund
Ilonka Ermintraud Birte Kasandra
Milton Utz Salima Nithard Sigmund
Jasminde Roselore Judie Keri Engbert
Kylie Caesar Fenna Syvelin Yannick Rob
Unelma Battista Filomele Brendon Elskea
Hussayn Frei Karen Merit Huschke
Julianna Lamar Terézie Mariola Berit
Sergeij Heidi Sachar Lorelene Eli Teutobert
Shelly Cecile Carry Gudelore Mimi Lloyd
Holger Minna Kaila Krystyna Camilia
Gernhard Ukko Audra Coladrian Hirsh
Hupp Petteri Rosa Reimut Denzel Balbina
Kara Aglaia Albano Diotima Thirza
Ambjørn Haiko Corin Thilo Gwendolin
Herleif Celine Eyjölfur Irfan Ksenija Veini
Pellervo Keely Tammo Nivard Muhammad

Germo Desire Didi Aimo Liborius Cumali
Genovefa Mihaela Swen Ihno Ethiel Gareth
Wim Zenz Ricksta Josie Lara Essi Raakel
Minnie Yasin Janka Lutwine Hiltraud Maire
Milenko Roswitha Curdin Gennadius Bevis
Naum Joost Eginulf Franco Riko
Rautgunde Lake Aranka Otward Ehrhart
Georgius Andres Fenella Maurizio Paolo
Kea Ulrich Burga Jari Eralp Mireille Ilkin
Erdalcan Petr Albertina Solomon Giovanna
Santos Kunz Guy Nannie Cagri Mysta Erb
Wedekind Devon Enrica Ubert Marihuela
Randolph Bine Camill Sissi Maikki Azo
Borwin Séverin Ruwen Isbert Devrim
Sedania Christmar Mikala Louie Cornell
Anthony Balder Cinda Jon Thies
Maximilian Ermingard Conor Vellamo

Horstmar **Burgwald** Misty Jérôme
Miro Amalfrieda Arantxa Fawn Xaver
Luella Dodo Lodovico Kyrill Effie Asli Dino
Alli Haider Estelle Edwart Debbi Artura
Gottfried Holda Jakobine Carol Josèphe
Tania Pekka Doganalp Aginolf Haylie
Luitbrecht Rhea Sighild Yule Rani Maddy
Iphigenie Caj Annika Pierangela Jumaane
Täve Chance Liebrecht Christophe Delfino
Stéfan Kay Hanno Kym Konstanze Sudem

Guilbert Lotti Grimwald Dietfrid Sergio Lelia
Eithan Göde Killian Christamaria Kelvin
Tea Annemarie Fardoos Juliusz Nidgar
Kiersten Max Baris Illona Rudgar Plazid
Adalhelm Frodewald Carley Jehanne Kane
Salhaddin Frerk Kerena Jorg Rufin
Ehrenfried Kerstine Juliet Krischna
Carlchristian Faas Makenzie Aveline
Reginald Lene Olf Justinian Rüttger Wanko
Fjodor Siccard Nicoletta Klothilde Kirk
Leticia Lottemarie Valtin Friedeberga Karly
Wolfdietrich Gro Marietta Bronia
Alexandrina Josefiina Rufinus Joop
Cankurt Laszlo Conrad Jerry Jelger Mete
Leonida Jule Ottheinz Airi Ernstgünter
Jobst Ridzart Justina Orthild Alfi Frankowig
Maggy Corina Fjodora Juhana Kosima
Hyazintha Cajus Ake Gerhardine Rudolfina
Mare Cansin Baturhan Urs Michelle Einari
Rock Isto Siegtraude Slavka Marietheres
Flower Isilay Meinberga Shannon Willerich
Mauritius Zuleika Ering Curtheinz Brady
Rasso Godehard Donatus Daniello Sophia

Krispin Ejolf Libby Lizzy Maaike
Humaida Rino Jimmy Reik Acke Mckenzie
Kirsti Delaney Theolinde Magdalina Gerit
Joachim Meina Sari Minne Feliciano

Wunna Romuald Eckewart Yan Loni Garlef
Rahil Heimo Ermenhild Tamina Ferry
Konkordia Helle Alajos Kamaluddin Kielo
Mine Zippora Deklan Adelrich Richmute
Zilly Rickert Destiny Asisa Katrine Alfhard
Diethart Miltraud Jelenka Lupold Dorinda
Nathalie Bertel Mitja Topi Jennell Yasar
Sieghelm Shaun Vilja Käthe Ladislaus
Konz Ciara Sibel Huw Billie Barin Olympia
Donovan Severus Erdur Bayazit Lebrecht
Kasperi Palja Milford Erk Celikhan Karena
Jonna Reinfrieda Atika Euphosine Billibald
Djuwairiya Monique Fastrad Moira Romilda
Beatus Utta Myra Hildeger Ratburga
Eucherius Dick Wilbert Kyran Dane Karin
Daisy Kirsten Clerk Deno Kamillo Lovis
Timmo Juri Tahacan Eker Virginia Wische
Elberich Milburg Denizhan Minnegard
Haskel Poldy Gisa Donata Ottegebe Pablo
Kersti Micheal George Katriina Reinold
Galila Altug Otgund Emke Hinnerk

Gloria Cetiner Khalid

Kaety Centa Abeline Greig Cumhur Arhild
Kyra Tiana Grimbald Conchita Kazimiera
Warnert Sándor Peregrin Anouska
Lamberta Kyla Cederic Kerrie Kauno

Egmond Tamme Eckfried Mehtap
Josephine Justine Severin Elton Yola
Samson Pamela Matilda Ror Jolanta
Christhard Nepomuk Kulthum Maili Bros
Xena Vitalis Emmanuel Wolfrun Panu
Odoardo Krispinus Payton Trauthold Kerttu
Mirka Lal Paris Jordyn Santeri Tuna Karol
Valentina Gabir Lauren Enke Heimrich
Raffaella Zeynep Kiley Dunja Aletta
Madlenka Marete Kathrein Koenraad Eliisa
Hillo Svante Mihaéla Fokko Medard Kyrilla
Neithard Ingelotte Burkhart Wolfgünter

Zoe Gilbert Jan Kanut Ratward Beda Carl
Julie Christiane Georgette Karina Myrna
Georgiana Sierra Cenk Zygmond Rütger

Zymunt Yngve Kosti Reynaldo Genia
Silvan Netti Nolte Bartholomäus Renette
Egberte Garlieb Dusja Boi Nazife Jeremiah
Alfgot Lusia Minttu Rolland Rimbert Kathi
Derrick Hanskarl Herman Claartje Mukhlisa
Addo Melina Odette Ulrique Franek Görs
Julika Satu Munira Winfried Aleida

Wilfrieda Ehrengard Klausdieter
Wilferd Gordon Ladina Tahvo Said Ötli
Zelma Dana Marten Rena Trent Pandora
Mauriz Karline Fons Erembert Ingemarie
Rocky Rosamunde Marin Gemini Lindsey
Livia Stillo Bodomar Ramón Renia Caner
Rolle Ingenuin Reeta Eloff Fikret Ekkolf
Busso Jacki Sylvia Ibbie Julius Kaarina
Wilbrand Jordan Poroska Rupp
Chrysantha Mathis Miroslaw Sulaiman
Rosemary Josef Rasmus Odilo Kamer
Edson Károly Valentin Kapel Martti Edvard
Che Aegir Almira Qumaira Kieron
Baldemar Fürchtegott Hannaliese Tanja
Otti Rotrud Erkenhilde Wilhelmine
Magdelone Charise Umutcan Marija Keanu
Amabella Georgie Lulu Maj Melih Jenö
Maas Ambrosius Zachäus Marian Raine
Phyllis Taddäus Kazimierz Kelemen Wolter
Kathe Erdal Karyna Heljä Horst Ricky

Kauko **Keimo** Meinert Elso Christy
Francziska Franziskus Stintje Meinold
Dorothee Ritzard Nadina Evert Sule Santo
Jytte Bringfried Myrta Mattes Otbert Ronald
Sylvie Junior Luis Wege Wulfdietrich
Amedeo Ronnie Kaley Wigbrecht Engelina
Solbert Bohuslaw Siglind Tiard Jephta
Hubald Iliane Ira Luitgard Rogelio Rodrigo
Winifred Suna Savannah Barry Marylou
Clauspeter Coskun Valerie Espen Irmburg
Ferfried Kira Keira Wienand Bernfried
Jürgen Eckbert Vieno Nandolf Gail Samuli
Suitbert Aalderk Heile Märten Tellervo
Feliciana Marcelino Joelle Aldegunde
Lukas Merja Dorian Benediktus Carda
Joanne Marino Kimberlee Amalberta Kirby

Neithart **Reilinde** Maret

Boto Brad Klementina Odde Eddo Rigobert
Dimitry Osmund Baldfried Yann Afsin
Eloise Kayleen Kaleo Fiene Xaverine
Cenan Asko Irmelies Maxbert Karaugh
Antonin Silva Laci Bojan Armand Wouter
Liebhilde Hermia Dawid Carolus Greta
Roelef Ortnit Turkka Pepe Meryl Ignatius
Katalyn Radka Pernilla Reemt Sidonius

Gweneth Muhsina Othona Mihael Dietward
Reginalda Kade Merete Guiletta Dános
Thassilo Kjeld Torbjörn Andrej Randal
Marie Rainer Ladewig Siv Jacenty Carlo
Eginald Normann Miia Kunto Rappold
Ermanno Riikka Temmo Ghufran Parker
Talesia Kamill Inari Tilli Winnetou

Hadi Heta Eliezer Hugbrecht

Jahja Friedmund Ned Alister Margherita
Anneka Ricarda Floriano Meredith Luzian
Mirva Jelena Vilma Gethin Fulton
Rosemarie Serena Diler Erisik Friedjof
Remi Jesse Kristoffer Kanerva Ingerid
Robertina Stinnes Ailbert Henno Keane
Mandy Gotwin Alpman Bendicht Walborg
Bran Sisto Arduin Alkwin Amalburga
Prokop Blazek Kersta Volkwin Norbert
Julita Arni Mechthild Vreni Rato Evi Miha
Volkbert Milos Feroze Murray Viktorina
Virgilius Hilderich Kirstin Jorin Bodislaw
Sella Minette Giselberta Kiran Polli Elvire
Chandra Maiken Virgil Lenore Arvo
Jeanine Orhan Rister Runfried Jose Erna
Alberik Mirabella Engeline Leutwin
Kajetane Krzys Muratcan Liebtraut
Richmar Orlando Alfrun Meinrade Fina

Hatto Gifion Nolda Esat Heida Kip Svane
Naz Benita Klothar Maël Roseline Safak

Loviisa **Liebgard** Kimberle Hermine
Celebi Devan Neel Faustine Rosalie
Melisande Berto Borahan Slava Rachelle
Milian Ayberk Eckehardt Richbert Galen
Florent Rolanda Gervas Pancha Sigrun
Gotje Nazli Johannetta Munolf Radija Valio
Keren Matty Wieland Hasko Räto Rick
Cäsarius Erkenbert Rauna Cedric Maxwell
Quintus Raili Sultan Tankred Kaapro Leea

Mayra Meiko **Murad** Kelcey

Oswalda Waltraut Matias Goodwin Niklas
Addy Alisir Veit Todd Talib Egor Khayri
Gözde Nis Feofilakt Pasha Suometar
Lykke Erginer Harald Mortimer Kolbert
Nordwin Zwanette Annemine Eimo
Teutward Jeff Wolfgang Erenalp Klivia
Regelinde Yümnü Yesim Ronda Ruppert
Matt Aggo Enni Gritta Radiyya Kazia
Mickey Irvin Juditha Summer Dariusz
Marjo Cinderella Klarissa Ken Pernille
Thorwald Colby Knut Elija Soffi Ekhart
Widar **Cassandra** Benoite Mewes Ruut
Kasim Bosko Teutobald Miretta Ejder

Jourdain Madlen Nil Egilward Zenobia
Roar Nahne Kate Volkmann Eckward
Rudmar Mahmud Richwald Mufida Solveig
Greg Konstantina Léopold Kalman Lacey
Raihana Reinke Karola Alfred Hildrun
Hesiod Nat Nejat Pelle Asmund Norgard
Warner Maddalena Nadjeschda Oswine
Jork Luzius Serdar Aycan Kandida Remus
Kaspar Huwaldine Meinhold Signe Nelly
Nereus Tamia Guilermo Wernfried Marbert
Ambrosio Deb Sufjan Pentti Rodney
Seraphin Geo Klodwig Ricca Deda
Mumme Lars Menard Meindert Karam
Eckkehard Flodoard Manta Ragnar Flutus
Carlina Okan Reimer Alan Ryan Kateline
Rosalia Joakim Nehemia Rutlieb Cäcilius
Sébastien Maini Siddika Ilyas Claas Kat
Frieso Burchard Jonathon Cecilien Juanita
Jillian Consilia Junia Gwenevere Munir
Kletus Ilmo Saida Fedora Ernestus Danela
Gae Hugibert Sofus Yusuf Cesino Baldwin
Rabanus Jost Bronislaw Baue Ferrer Lioba
Giles Graziana Kerri Ingolf Nellie Katerina
Theodeward Gusztáv Yusra Till Pierrine
Henny Huna Marzelline Charibert Vevi
Kyleigh Jouni Derne Taimi Salaama
Ferapont Cetin Taryn Andreane Suleika
Krein Wladislaw Adolfo Crispinus Luitburga

Ture Dave Saimi Eudald Darijo Kayla
Fanni Aimée Roele Irmine Sainab Mufid
Palmira Juan Tede Liv Mohammed Ratbod
Mytle Fern Carla Rollie Sebo Dietburga
Dietlinde Clebert Emanuelle Sebe Rikkart
Edzard Judas Mirzel Kingsley Raika
Ksawery Cristian Godowela Tebbe
Kimberley Silvanus Aili Van Izzet Wulfhild
Judica Meinhild Johanno Zenobius Diebald
Fatin Norhilde Leeni Eveke Meto Adelind
Chrysanthos Friedenand Gila Pulcheria
Dénes Ursa Jorinna Magnus Allan
Klodewig Rosina Jofried Betsy Erminio
Rosmargret Henrietta Roselinde Renz
Aktuna Rik Sterling Nick Siegheld
Swindger Hipolito Per Reserl Filomela
Grover Josh Ermelinde Franziska Lolika
Imma Heseke Miriam Dorle Severa
Cassius Thiedemann Lacy Burgfried Lilly
Tamika Cinio Lynne Séverine Mack Meieli
Verone Zacharie Runhilde Seda Clifford

Nebi Agca Keaton Aschwin Reiko
Witiko Sacha Logan Varuna Leland Monika
Thorsten Tasja Chadidja Ronan Mike
Egbert Balthes Thaisen Olla Philibert
Stephana Marilyn Susetta Lieuwe Tönnies
Ethan Nele Halka Erdinc Neta Helgemarie

Matcia Reemde Fanny Egberth Latifa
Svend Bilgin Abshalom Akkan Natascha
Katarin Josip Kyle Henne Fillin Ehregott
Brain Wibrande Osterhild Remigius

Thankmar # Zizi # Jordi Kali

Teudelinde Florinda Hadrian Redelf
Christobal Lori Açelya Owen Däni Witold
Siegram Jorrit Bronislawa Hennie Asbirg
Ersev Fritz Calman Adellinde Djibrail
Gebharde Elseke Syra Armida Ilona
Siegberta Elrike Odin Ertugrul Géza Turibio
Filippo Fromund Klio Thielemann Kevin
Reich Weerd Rodolphe Doyle Lyle Eraltay
Radlof Andro Fawziyya Framgard Yesenia
Cäsarine Guinevere Ringo Dinnies Regel
Marijke Salla Esther Floretta Luitpold Ezra
Froda Finette Mtthew Pedro Giuliana
Rosika Judith Gebino Eiliko Farrell Beulah
Anton Jovan Selena Kia Carmen Isgard
Miray Ferne Adebajo Dawn Emil Kent
Ecevit Ermelina Sibyl Thorbrand Nicol
Doman Bobby Lupe Miraç

Kameron Melis Liebetraud Lowell
Gracie Ademola Karsten Elfriede Alk
Nichole Rhena Djabrail Ludgera Robrecht

Kelia Santiago Buddy Mauno Simson
Keoni Berald Kelsi Frieder Luigi Craig
Madge Djamila Wolfbert Clive Boppo Efe
Alik Richardine Kristen Rathmar Silvius
Merlind Kit Nikolaus Rüdiger Kristof Kaitlyn
Almoda Hersilie

Emerich Maddison

Ratmar Dila Theoda Gaenor Krishna
Diethmar Lilia Kukka Mette Lida Marya
Rutgard Saner Jessy Seraphia Chonz
Edwin Illa Minni Salvador Teppo Judit
Kennith Mártoni Muammar Siegwin Silvest
Reinberta Kassandra Maarit Klytus Inge
Munawwara Diethild Yasmin Corbinian
Pierce Ellmar Meri Joona Ciaran Arnaldo
Elif Mélanie Cesare Kelda Essie Ultima
Joel Ceyhun Wolfrad Lado Pauletta
Aleksandra Gawain Mombrecht Kathlyn
Amdi Edelburga Lenza Horatius Urda
Kalevi Nadinka Matthäus Sebaldus Akbal
Bugra Flora Tonya Florida Christ Sevgin

Arnoldo **Justinus** Eser Richwin Vittore
Cor Miltrud Camer Gabriel Henriko
Liebfried Steve Mukhlis Monja Terrence
Curd Rudy Raimund Engeltrud Kathrin

Earnest Maximilien Romak Sakari Yeliz
Dora Ansmund Kiana Berni Mani Abi
Leszek Koby Servas Kristiina Zelda
Adelbrecht Guide Terri Sida Marinus Fedya
Suzan Veltin Kaylee Mia Meghan
Giselburga Emming Bruna Leonilda Marta
Stine Schafika Sirpa Emely Jürn Roscoe
Ingobert Arnolde Niina Tassilo Thekla
Mathew Mertin Bratt Franzine Wallace
Svetlana Heimeram Giacinto Lydia Relef
Sigrit Melinda Noora Milana Rutmar Kai
Zoa Maura Gaila Bina Uorsin Schafiq
Arnaud Girolamo Annelene Amnichat
Berndhard Garfield Fokke Ulmann Anno
Rigomar Guglielmina Wolfdieter Imoria
Herlinde Rufus Meinolf Tatyanna Hilbrecht
Patroklus Marieta Sabrina Töbe Amédé
Wulfrin Menso Eduarde Naomi Hellä
Melchert Teri Siegburga Jelto Hetta
Terhikki Aatami Michael Keijo Sofia Adéle
Silvetta Amadeo Besimi Bibiana Yrjänä
Helmbrecht Karstine Kala Konrad Natal
Berold Nidger Léonce Renatus Ratger
Rando Jupp Keitha Konni Mayer Myles

Benedetta Uzay **Wolfgerd** Amata
Kaleigh Krystyn Sharon Annemarei Bertwin
Liliana Ranka Rodebert Erkki Moike

Eleonore Aladar Ehmi Tulle Sebalde
Tomeka Kimball Pelinsu Klementyna
Bernold Bella Sarina Edina Hope Bruni
Kamilla Azmi Hubertus Nino Munibert
Jayden Michiel Teresa Bijan Wendell
Maike Gennadi Jeffrey Koen Ositha Karima
Meinrad Gala Johannette Stanley
Scholastika Frida Salwa Gilberta Jutte
Ladelin Maudin Meinburga Tibor Johst
Maita Eldon Placida Tarik Irenäus Kellie
Eibe Netty Mavis Ernstpeter Mady Merry
Lawrence Marcia Duarte Resi Piia
Rosmarie Mohamed Lazare Aljoscha
Serhan **Ciprian** Hermanne Cameron
Rosalind Rinke Edvige Maggi Bayezit
Cennan Merita Maxence Kenrick Rösla
Siska Ilma Annamaria Seppo Sabina Jonat
Siegmund Rachel Ted Dothias Katriona
Degenhardt Karlfried Wilke Russel Filat
Luz Willard Kaelea Amalberga Sally Cavin
Felix Isil Jody Wiberta Chanel Erlwin
Felizitas Christina Rodufo Nonnie Sampsa
Cayan René Dominic Wera Jalmari Siddik
Lynn Miikka Clare Eunike Jorma This
Scharifa Efrem Shanna Curt Erdwin Gelja
Bahattin Beverli Guntwin Harmon Kalle
Lynette Wolfhilde Maurizia Nantwig Gislar
Theofried Trudi Radolf Katalina Nic Marti

Yvo Endrik Sizzo Männe Fayruz Reiner Norina Wendelbert Pälvi Cordes Kajetana Placidus Lucille Mamie Caglayan Onur Madjida Zoltán Eberfried Cansoy Ingram Yasmine Heinhard Mauricio Reja Kassia Derya Esteri Narzissus Joaquin Kemp Ricklef Virpi Roche Auxilia Graziano Cade Roger Gildebert Baybars Immi Sandro Kajetan Teilhard Bogislaw Schura Alvo

Lester Haydee Cyrillus Wybren Mauro Amelia Traude Mile Kleopatra Celiker Marlo Judyta Nanda Jonne Kendra Nicki Noah Kilian Myriam Kaja Ingela Minerva Imke Lennart Atil Theodolf Lora Erminald Gumpert Sandra Sigrid Weinrich Nahum

Ececan Marbod Burgel Anderl Solange Murat Hansferdinand Hilary Katee Erminhilde Kiera Terezie Erlgard Augustus Delf Susanna Ine Tjarde Harmina Herdina Konny Susen Kris Karp Rathold Elieser Luke Johan Maartinus Kurtmartin Hildwin Sjard Estalla Albrada Ossi Antal Dwight Rifka Moses Laina Soledad Zachary Fenne Ildefons Mustafa Mano Ainikki Brana Kees Nadja Ortwald Klaara Paridam Roy Frea Yaren Jeronimus Ibbe Aktan Maximus Otfried Ceren Adalgoz Léon Korbinian

Julianne Ezgi Wigburg Michail Raimond
Arin Vigilius Irmenfried Renate Laetitia
Otberta Loris Eraldo Clarence Pekko Karris
Katalin Minka Kunegunda Eulalia Modeste
Khloe Jovita Madita Kyllikki Sergia Mieze
Kasimira Giselmund Safiyya Reinhild
Heintje Xenia Erhardt Amel Nilsu
Magnerich Heinzpeter Ekkehard Eginhardt
Regner Frodemute Reinholde Segelke
Reinecke Luk Ottorino Paulus Brock Kiarra

Goffredo Yale Ammar **Selastika**
Fermin Rukajja Kristeen Adalgunde Deba
Danisment Marike Mauri Cavit Antoinette
Jere Bentje Grigory Gaea Cicito Wisgund
Behzat Kester Juline Fearghas Dankrat
Maunu Brianne Corell Placitius Rosabella
Rathard Hava Telsa Sven Imtithal Joyce
Jello Juliane Gotelinde Sahla Mendel
Moreno Morand Bulwye Gemma Opal
Francesca Robby Marcy Nabil Wübke
Robin Dobby Richarda Rurik Jordaan
Matthis Sirun Karissa Jooseppi Hick Mela
Manfreda Atte Mathäus Natalja Tristan
Jeanne Nanna Kassy Botho Hadwart Sude
Neeltje Jules Kraft Gillespie Hugo Roméo
Madlon Bartholomea Ralf László Katelynn
Chelli Saadet Mitzi Riccardo Sahra

Godelewa Gerdi Josy Algisa Thomas Jetta
Hermo Eduardine Boso Adelfriede Joy
Nehir Lüdeke Reinalde Dragoslav Sisko
Rutkay Romanus Hawwa Fizza Eleonora
Safiye Alper Josue Jermaine Heimito
Ostara Maidie Gene Rickmer Wulfila Gaard
Fricka Reinko Cengizhan Albrecht Adriano
Maio Ermenrich Eriko Hartwin Ebony
Simay Swetlana Ebbo Petula Hamon
Kolumban Landolt Ragner Ramla Derk

Ratko Nathan Okke Josiane Freddi
Gedeon Günter Gorg Viviana Margareta
Altraud Wernher Pippi Uthelm Gebehard
Alejandro Ulfert Travis Erkenbald Aleyna
Tönjes Erdemli Basin Britta Olaus Bessy
Paulin Egmund Emmi Manu Auli Abdallah
Octavius Ulfhild Isenger Ermenolf Angelin
Dahi Irmintraud Adelphus Gaye Diégo
Hermes Damasus Hande Aldhelm
Archibald Gilda Valentine Alessandro
Wendeline Ed Björk Dakota Cesimo
Ratberta Imera Burglinde Lula Eylert
Sintram Frodelinde Andrews Amid Bennie
Cosimo Gerbald Tell Fastrade Barbia
Dannika Celino Belial Godfrey Aydiner
Ghadir Tiara Silje Ortger Feodosi Yaprak
Marko Alex Adalwig Edmonda Else

Theodelinde Gismunde Agda Thabit
Leupold Harke Reko Iisakki Trinette
Fiona Liserose Avila Annetraud Cevik
Anatolij Fritzi Martina Algot Görgrl
Dioscorus Detmar Vinzent Freda Bodewald
Heimburga Marusja Simin Fredegundis
Fredi James Theresia Ambrosia Erdmann
Alessia Otthermann Hille Malinda Eros
Gonzalo Thomine Olivier Radek Sinead
Amarin Orla Ayla Gotmar Aulis Vefa
Haniyya Elliott Dietbrand Luciano Lina
Helmtrud Arik Hershel Aybar Ange Tialf
Armande Aygen Wibald Thorgard Velten
Bogac Almodis Damaris Chlothilde Delbert
Edelinde Harto Zoë Hademar Francisca
Ataallah Gamila Anka Sheldon Martino
Ursinus Arnhelm Danjana Inko Germanus
Rainhald Banne Dorel Wilhelm Ubbo Calvin
Emerico Pam Atso Thorleif Gottgetreu Ita
Dietgard Anita Canalp Gerasim Simge
Deike Vasco Domka Birsel Heulog Gamze
Birsen Havel Achref Ludwiga Winka Arwin
Christof Fikri Theophora Ansas Ugolino Ibe
Alexandre Geno Heaven Giuliano Gaston
Bartel Nuriyya Wigberta Antonello
Theodosia Eléonore Waldegunde
Diona Ambroise Barbara Margit Ilian Pippin

Irmgard Petrus Gisela Goda Ivetta Notker
Volkert Agomar Wilson Tini Esim Aiko
Danny Evermod Lassi Wigmund Hersh
Radegund Pierina Abram Davida Diederick
Ummo Bektas Victorine Theodora Prudens
Maria Gabriele Gayle Vicki Gismund Bela
Hellevi Oivi Ursio Irma Arif Harriett Senta
Everett Hinz Basarab Willis Antoine
Friedeborg Pawel Alpi Sigo Willehad
Wilard Vanesa Veikko Ulita Liesbeth
Stanko Wout Ermenbrecht Iwar Deanne
Akil Frederic Asma Toska Birk Geeraard
Anika Sintbert Nuaim Cristal Gerulf
Godela

Bend Hademund Odilberga Tyyne Brigide
Alkan Tomislaw Dwayne Aclan Freimut
Gabriello Volhard Rabanus Selimcan
Gunild Bibianka Henri Urpo Oranna Oili
Birge Berndmark Cecily Tjard Perette
Violet Saija Trude Philip Vesta Hamieda
Augosto Burçe Timothy Liz Dina Cakir
Faustus Hilde Ingvild Wibke Grégory
Davina Annedora Doro Géraud Jakoba
Efdal Baranalp Emerald Agilulf Floriana
Ingeborg Alfreda Heilmut Adriana Annikki
Leo Adalbrecht Cornelius Arnost Ron
Emrich Vinzentius Fatiyya Fae Irmenburg
Simona Ekhard Emir Ariane Prosper Arnka
Fine Jamie Estienne Izel Bechtold Alkmar
Malik Hardwart Hetti Franklyn Tiark

Podolphe Sim Dagny Tünnes Anani
Alexander Renke Turan Daria Firmino
Adrienne Rina Forbes Margriet Henke
Alexej Esref Trixi Harrison Landrich
Gunthard Ahmad Tjaard Pietje Emin
Ludolfina Amaberga Columban Alparslan

Claudien Darryl Leandra **Pelagius**
Ilayda Bahri Urschel Firmina Deniz Vitja
Helmtraud Chaim Hunno Wigand Maryla
Edo Don Jadon Ishilde Bolo Vizelin Aleide
Marzellus Laux Onno Grit Adelar Tyge

Florance Friedhart Vincente Viktor Felicia
Alfredo Antina **Jaya** Barny Trinity Gebbo
Dagobert Fatima Elise Amalius Gundobert
Iivari Bogdana Agilus Colette Aniello
Bodmar Loremarie Hades Dudo Annelore
Erki Wigo Walpurgis Waltrada Adalgot
Folko Isotta Uschi Ella Alfrik Umberto
Farouk Gewehard Clamor Claudius
Amadeus Fearchar Bartoly Tillo Hemanna
Heimeran Fredrik Helferich Brigida Thorina
Gracja Ornella Garland Biankamaria Filep
Gratien Andrä Engelgard Gladwyn
Sephora Marisibill Tuulikki Marielle Scott
Herma Ilsabeth Arnold Arian Freia
Boguslaw Ev Manfried Hadwine Fee
Ferdinandine Rachael Theresina Everdina
Chrysanth Fadi Lisanne Demetrius
Themke Ophrah Flura Wichert Cilli Linette

Adelle Guste Herburg Odilia **Bedi** Victor
Angelina Hestia Helfried Benedikta Anttoni
Pauliina Emerita Akyol Ugurcan Guillermo
Erfan Bodog Florine Canbolat Hadya
Bertina Jasmina Alfhelm **Jakov** Siva
Linsay Asadullah Ambros Abbe Rosella
Floris Cino Torsti Fokka Lou Balthard
Arslan Gerwin Erland Deandre Hamit
Farhilde Adonias Patty Paule Galal Ekke

Holm Eva Hias Aydogdu Gad Hiltrude
Govert Steven Janice Dogukan Assadullah
Luc Hanswalter Ayman Guntberga
Ernsthermann Manhard Vaula Alois Adamo
Wiprecht Laure Wippo Bertrun Rica
Bertlinde Hildger Annemarlen Gerbert
Hughie Tiburtius Daniel Hele Dietleib
Gosta Constantin Dins Halvar Caterina
Börje Gitte Philine Cordelia Frodewine
Bendiks Simon Abbey Eilwart Deha Alpkan
Thorismund Sigi Erol Rylee Parsimonius
Stefana Evita Hippolyt Eginolf Honoratus
Gwilym Ute Vollrad Marene Ulfhard Jacinto
Theodegar Arnger Basilissa Gratia
Thorgund Wahida Dorianne Börre Anny
Answin Homer Barak Dietgunde Fayiz
Herrade Askold Ursin Urban Alram Amiel
Elviira Manina Alferik Rodelind Gwilim
Hansjoachim Angelbert Avery Friedl
Engeltraud Marcel Amaryllis Djalil
Gregorius Ortrud Wieka Hajo Ludovico
Angelita Anaklet Alana Vineta Jakob Tara
Cella Bero Gitta Hanif York Husam Abby
Dimitri Aaro Landeline André Peregrina
Amelinda Garda Achmad Bahram Fastre
Götz Heiner Doganay Edbert Masuda
Brown Benjamin Aldebert Malli Barnabas
Jake Boran Hannu Frazier Flip Gretchen

Answer Nuh Batwin Willram Fiete Beata
Rudolfa Jada Marion Drake Wilfred
Arnalde Bernwald Faramund Euphemia
Fastmar Gisburga Mango Hasan Hilmar
Ditmar Luciane Radija Federigo Helmfrid
Olievero Gody Rosalinde Agibert Hussein
Eliette Luana Idda Pinkus Djuwairija
Anthelm Hermione Aapo Wilja Aukusti
Alheit Hilger Azam Elftraud Helga Buzz
Beverly Anastasio Walid Luggi Malwine
Burkay Orthia Adalher Wibo Genesis Sina

Oda Antonio **Semina** Trautmund
Aarne Seline Marianita Burgward Apke
Hazel Brunhard Ludmilla Forrest Willibrand
Egge Bertfriede Erem Gwyn Hansdieter
Germaine Brix Stepan Albrand Harmen
Silvana Stefania Ludolfa Ilsegret Flo
Annabella Alexa Beran Görd Heda
Heiltraud Ayhan Eusebia Eckmund
Vivienne Ilselore Regelindis Ruedi Adolfa
Aniela Aysu Baran Enevold Tobias Fariha
Thimo Dorit Usaid Akif Diedrich Anatoli
Qasim Adelheid Bradford Aye Sini Arne
Francesco Patrice Bekir **Hiltje** Deterd
Isitan Ula Aldogan Beregis Wido Galadriel
Abel Valeriane Elisabetta Ansberga Liisi
Mariusz Jakobina Tiedo Janpeter Birgit
Leopoldo Landerich Radek Ubald Bernice

Sirke Davud Hiltrun Ortfried Friederike

Attala # Ontje Fakhri Fayza

Amrosine Barthelemy Adolfine Aden Tyson
Abid Helgamaria Dieterik Fédéric Alice
Protasius Dorothy Sara Anastasios Dolores
Renea Hinrika Gottliebe Baernd Taletta
Pen Becky Alfed Loren Aron Quentin
Babro Lamis Erencan Peet Helm Stillfried
Berngard Deloris Georgia Gioconda
Alpdemir Aurora Doris Halinka Bakr
Giselbrecht Erica Amatulbaki Wilhard
Gastold Fareed Senja Ewa Edel Ismund
Ossip Onurhan Brandon Andrees Gavril
Rembert Jaakkima Berna Pankratius Elka
Balko Eelis Lowisa Bonosus Peeke
Gaspare Faraj Egmar Haven Firoz
Gebrielle Danski Siegrich Barthlomäus
Deochar Detlev Coskunay Stepka Atahan
Oltman Luther Frieda Uz Tuire Darleen
Vince Hikmat Cihangir Elcim Adolpho
Anisa Daavid Danger Spela Angelika
Hansheinz Harold Orella Antoni Heinrike
Wilmut Penny Erasmo Aloisa Charissa

Agilwart Christophorus Thilde Optatus
Theodore Arya Elgo Mali Birke Hardy Jami

Olav Sabine Hansjochen Lev Delilah Linde
Achatus Volkrad Davut Cree Anntraud
Fatih Freerk Rowena Cristiano Humbert
Alkje Lech **Wildfried** Leigh Ally Ulv Uoti
Stanes Gwendolyn Virgilia Urias Bilgi Ahvo
Aytuna Trey Perttu Norma Urdin Lisa
Florina Apollonia Amo Welf Oke Azalea
Louise Bertha Dieter Willibold Bride Liddi
Hemming Galia Una Thorhild Garde
Harper Lorne Uletta Dorren Gudula
Arhippa Wilbur Errit Armagan Ingfried
Godeberta Toivo Aldon Henderson Lude
Eilhard Georgina Austin Lutgard Gerhold
Gwen Hertha Janheinz Faramond
Frédérique Gayla Friedolf Jaden Briktius
Dani Wetzel Marketta Adeltrud Ortrun
Ermentraud Gilah Hendrik Zion Willibert
Ademund Jantina Demirtas Frommhold
Hadwin Spencer Ollie Gottmar Heimke
Malene Philippa Bernhelm **Gerson** Bille
Chuck Tessy Odomar Verna Elburg
Grazian Tietje Frobenius Anemone Hewie
Aldina Haldor Ayyub Fergal Evermar
Haduwig Carel Helmi Aqila Gervasius
Bertho Aliriza Etzel Walther Silvina
Wenzeslaus Glaubrecht Eira Anke Tuuli
Aslan Ignatia Wellemina Tuomo Aarno
Masha Thorolf Adina Gwyneth Helmfried

Filip Gundomar Wilderich Iselin Vernon
Gabino Eemeli Cig Benedetto Farooq
Farmund Alix Olrik Aarni Aksoy Olivia
Irmina Eberigisil Armella Baptiste Tolga
Amiri Aissa Isadora Janos Amato Yilmaz
Aurelie Heilko Eckert Aksal Finlay Hanka
Volkmar Adolphe Arho Glorius Ajax Albwin

Borg Crescens Birdal Agnieszka
Geert Björg Wassili Edgard Marka Siggi
István Staci Ansgard Dither Hosea
Eberhard Siegrun Hanan Tianna Agatha
Hitwin Celeste Corry Friedeburg Balto
Helmbold Ditrich Ventur Trudy Thelma
Ömür Zena Luitgunde Manon Janik
Aldemund Haie Ivo Ambjörn Therese
Cyrus Bertger Jasmin Al Faruq Dimitrij Aria
Benan Floribert Addie Gratianus Helrun
Courtney Aina Adolf Janno Heliane Wessel
Helmward Gerty Jared Ida Ardijan
Friedewald Ghalib Ekin Alfard Véronique
Hob Martta Cecil Theo Marwine Berbel
Gabrielle Helmar Florrie Anker Herberto
Achatz Ary Henrike Bronno Ilari
Hansjochem Hilma Aurelia Eugéne Bob
Diemut Wissia Rika Felizian Liliane
Jacqueline Fiddy Aytunc Leocadia
Reginhard Arngard Friedhold Donald Angul
Timothée Christin Marsha Edip Amando

Janis Ako Achatius Adalberta Guntrada

Hopkin Heath Lesly Balles Willi

Wergard Anakin Otberga Basol Volkward
Levent Tassia Billo Behzad Marcellinus
Jannis Arno Wigald Ahab Mario Yanneck
Gabriela Herdis Dörte Adeldag Fabian
Elyes Cary Rabia Steffen Geneva Sören
Freio Rätus Wilma Pinar Bahir Gervase
Fiken Anneluise Diede Adil Ariadne Fethi
Lis Gawila Berre Berthe Semjon Adelgar
Frantisek Binjamin Adolphus Brigitta

Sumaika Walo Willem Reima Soila

Doniyan Jack Beeke Siebold Hanko Ginny
Traudlinde Cédric Stano Augusta
Aldebrand Vaclav Bernhold Lando
Heidegret Ellen Jakobus Askin Uwe Akkas
Alene Lucretia Wiard Heidrun Wilken
Emmrich **Doruk** Léa Frederica Güven
Bente Gytha Habiba Jamila Pietari Bonifaz
Ashton Florry Ferruccio Bodwin Friedhorst
Hasim Valtteri Udelar Felina Bettino Maritta
Dietegen Adelmute Vola Aldiger Celal
Dankman Aleit Benz Anninka Olegard
Erdemir Bardo Helke Waldhild Eberhild
Celik Eleanor Agilo Delfried Ermenbert
Adelhilde Tiada Iskender Taneli Irwin Aline
Torben Gerolf Barbra Elimar Alberad

Armide Hedi Ulbe Dörthe Anuscha Donnie
Alto Alger Désirée Bilkay Oltmann Frédéric
Gunda Gervais Alftrud Bortolo Vance
Ansgar Senay Hildeward Griffin Astrid
Titta Alvina Volkhold Marianne Aydintan
Jabbo Saul Felicienne Arist Basak Ertan
Weda Borja Bernfriede Ardian Habib Ignaz
Ämilia Letteke Stasch Diethelm Demian
Victorien Israel Erlend Galina Roswin
Angelo Tunahan Ermenrad Hedde
Erkenwald Grimbert Asa Felizia Farida
Abdi Weigand Beatriz Canbay Hartmut
Dominick Lissy Jamison Dustin Aybora
Diether Ise Wendelgard Janacek Ingbert
Robyn Uta Rinaldo Liebwin Inghard
Anneline Arianna Adelberta Albertine
Tabitha Theite Ipek Büsra Ginnie Faustina
Marthe Bogislav Jacky Bertholt Friedlieb
Ingeburg Davood Valerio Gerharda Uda
Evangeline Primus Winald Ayraham Gardis
Ora Aldemar Anushka Edburga Tonio
Irmenhard Ethel Arthur Dominikus
Heiderich Oberon Ursetta Chaled Darlene
Jaakko Demren Bonifatia Talika Filiberta
Irmtrud Filipa Elscha Fenton Ekrem Tinka
Gombert Viena Carly Alexandros Barnd
Hemma Darjusch Udalberta Zoltan

Fredegard Adser Annabarbara Priscilla
Babette Lenita Heulwen Cora Bolko
Hildegund Gisbert Starr Jadwiga Alberta
Volkram Jasmine Pia Gerti Finnian Borris
Gwenyth Geordie Beppa Gudrune Alvis
Friedel Bilkis Ehud Fadil Hubertine
Gustavo Uuno Hillary Gjord Stanislao
Gisberta Heidelinde Arsene Franciscus
Leonard Gangolf Adalhard Gerte Hinzpeter
Oprah Arsenio Wasmut Manolo

Mandus Friedbrand Bilqis Briant

Oktay Hannchen Dexter Ernesti Bärbel
Baysu Elborg Giseltraud Philomele Matej
Henrikje Thérèse Rudolph Wigfrid Trevor
Aksel Hedwig Delphine Arielle Berta
Wendelmar Graciano Boyaci Skylar Aleksi
Mami Jacubowski Angélique Frid Elsy
Herfried Rabia Alenka Ursly Barnabe
Walburg Phillip Wildor Ersan Bernt Farhild
Zahit Herberta Aniq Lüppo Heino
Fernandez Carlfried Cissy Antony
Berendine Fridebald Rossana Amos
Odalberta Lorencio Steen Trautwald Eija
Gaby Andel Agemar Ant Jade Enver
Gilgian Erwein Martinus Hildewart

Flavius Manhart Trudhilde Dix Auvo

Beavis Ross Lauretta Oiva Lieber Ariowist

Axel Willibernd Sigilo Gustave Jaap
Radegunde Eyk Thierri Hannelotte Florin
Lari Stacy Usko Dilay Irmtraud Eigil
Dietmar Alide Fortunata Raban Canditus
Corvinius Rochus Giovanni Lettie Leschek
Elvin Hank Artus Asbjörn Marielies Gerta
Woldemar Dotard Wenz Clio Jay Tilo Herk

Evander Darla Marty Ernstfried Cuma
Aurelianus Djalila Bert Vivian Gertraud
Marinella Alev Trudgard Feike Winfred Ot
Annunziata Askell Alvi Nurija Anastasius
Liebward Wilfriede Uwais Tona Volker
Adalar Liese Dietwart Werner Marliese
Geneviève Delores Friedhelm Babete Piet
Wyn Amandus Veramaria Gérard Gerwulf
Hildewin Bianca Alberga Henni Petronella
Theis Winfrieda Farold Ingwar Enders
Adrees Agenald Henda Aatos Ayson Iman
Golda Alphonsine Akiko Haywood Bessie
Paige Behiye Evald **Christoph**
Gustavus Alekscha Barclay Gundo Ofelia
Emelrich Jaan Chiara Hansbernd Asta
Dominique Hosanna Alpay Brunhilde Valto
Pay Herakles Adelhard Heilwig Tuukka
Sirena Rada Veronica Apollos Irina Tonja
Folkhart Dorina Ebertine Trautwein
Giustino Filiberto Stéphane Aksu Sigfrid

Arja Jacquelin Turo Ingward Isenbert
Hercules Albhart Alfons Théodore Ferhat
Addison Galahad Fehmi Mamme Lucius
Burckhard Marona Everose Amatulkarim
Dagino Gismunda Jaroslaw Anneliese
Sophie Iljas Delia Dogus Derin Arnbjörn
Evelinde Aksun Wert Fulvia Harm Balthilde
Hillebrand Thery Eufemia Obbo Gisella
Ursuel Warmud Franc Wisgard Altfrid
Diego **Dietram** Marika Laurine Alessa
Alptekin Elfrun Anselm Tommie Asmus Lia
Basilios Wolfram Odila Lutter Wiltraud
Stanislaus Hamza Gero Paloma Fabio
Lotty Ignes Annekathrin Aljosha Olbereich
Amano Gerlinde Helfgott Prospero Rikea
Hark Adib Wendy Balduin Bénédict
Euligius Luitolf Faron Weike Achilleus
Adela Vili Olga Elske Lottchen Betty
Irmbert Theodebert Willy Quirinus Claus
Isaak Pieter Baronika Theunis Cassidy
Arnfred Adalburg Stepko Eerikki Sami Ela
Heinriette Edda Tosja Dietland Akseli
Columbina Leopolda Soraya Lorenzo
Wenemar Darian Caitlyn Ethelgard
Queenie Markus Fyodor Flannan Makenna
Odilgard Hermann Bensu Maryvonne
Gisèlle Britto Cassie Gontard Uto Antonina
Erdem Eetu Bartolomeo Helwig Andree

Aydogan Osmunde Adrianus Bibiane
Heinfried Redlef Marieluise Donatien
Valerian Baldur Litthard Irka Tosca
Peko Alfhilde Bronja Emilio Ulfilas Anbritt
Vita Ayrton Armilla Arnel Aswine Adelhelm
Gils Tiberius Arwid Slavko Gine Lindgard
Ina Elina Gilberto Winrich Absalom
Makkabäus Gerarde Degenar Sighart
Sueda Ecem Feli Alick Rauno Gyula
Polykarp Agâh Vanessa Achmed Bjarke
Frantiska Holdo Drew

Bennett Balz Dharma Torolf Dawane Osmo
Aleksej Sheri Manfredo Adula Cort Fabiana
Verneri Bent Gerion Agnethe Margarita

Focko Arkadius Thierry Ugo Radenko
Ermenfried Aimé Bertolf Frannie Arfast
Cathérine Froma Massimo Dierk Itir Pascal
Raphaela Gottwert Whitney Colm Flick
Adalgis Lübbe Sonntraud Hildolf Frido
Dankrade Fabiola Dante Cebbar Hettie
Hamied Ismail Fouad Hely Nurunnisa
Harras Hester Anabel Bianka Iver Silko
Flemming Sirkka Tuomas Lux Aydin Peder
Geppert Pelagia Alena Cherokee Frederico
Relke Griselda Willibrord Lucienne Lauritz
Fermund Pieterke Torwald Crystal
Sigismund Mareile Dory Ludwig Doreen
Sitta Doniphan Notburg Abidin Oona
Bardolf Erlwine Christian Tarmo Lita Petö
Jaakob Jalen Nuutti Abbud Arlette Antek
Jazmine Urdina Isidor Günther Aske
Lisgret Ezzo Cord Jarkko Ernesta Fastrada
Ekber Irnfried Aram Assad Ansfried
Wisgunde Hasso Dagomar Chelsea Ariana
Herwart Birgül Birol Chrissie Costar Horat
Göpf Dotzi Dedda Ensio Haakon Wipert
Eddie Erduran Tugba William Theodeger
Aziz Danuta Handy Aamina Sammy
Bridgett Bannert Cehdi Degenhard Fergie
Viktorian Bernat Faith Cosette Solja
Erkmar Gawril Höpkedina Agner Erdurmus

Corsin Siegrad Arnulf Haroun Andrée
Simonette Adiel Lu Helena Hooda Batuhan
Alof Weert Albrune Olympus Harley Ubba

Gottlob **Aegidius** Hansditrich Finnie
Christwart Desiderius Fatrada Amalrich
Mareen Gunhild Lenny Helmut Akahi
Belsazar Willa Edu Clausjürgen Quinton
Hardo Garret Harding Earl Folke Tracey
Marjorie Burkert Soner Alis Tonke Gunbritt
Piero Ermenwald Ayold Marsilius Adrian
Emmeram Wil Christobál Bertram Eveliina
Djafar Pretioza Volkard Erdmut Darren
Januarius Djibril Pertti Fara Perpetua Imran
Norwin Ulysses Chaz Eberhardt Gret
Achilles Rachele Placido Brent Boje
Fabiane Glenda Adalwin Agota Darja
Roma Luitprecht Hailey Omar Tjarko
Antonino Fromute Cornelia Gonda

Eucharius Friedo **Haley** Florentinus Ulf
Akhan Wolfrid Asmo Daghan Jaime
Siegbold Pascale Arnoldine Alissa Elsbeth
Jankó Pit Altburgis Dürte Agathe Lindsay
Falko Perez Hakan **Ostian** Gismondo
Aurelian Thyra Eunice Walthilde Agosto
Janina Marjam Claartja Wassilij Adalberto
Ard Endres Ilsemarie Eryk Ortlieb
Burckhart Glenice Tuto Esaias Annegret

Honoré Ginevra Nur Lowig Baldr Brunold
Laslo Hilderun Aurele Ewerdina Batu Albot
Wilrun Uhland Welmer Eustasia Gerold
Fleurette Pearl Friedemann Ursula
Heinrich Osberta Hollie Friedebald Loi
Bauwen Colton Sixta Erel Berko Manuela
Theophil Chandler Wasmond Ludbert
Lucia Fedor Acun Ilgin Fredegunda
Bandolf Göta Piotre Latoya Thea Valo
Ernstwalter Jago Georg Thorfridh Giada

Emile Timm **Fulko** Cihan Djalaluddin
Francine Hertwiga Benignus Haleigh Heise
Idris Viktorius Birthe Borgward Altrud
Feivel Sauli Honey Eduardo Rosangela
Patrizius Lexa Onerva Hind Ophelia Elmer
Shari Adelger Lucinde Ultimus Frodebert
Arbogast Willigis Siglinde Wernhard
Fulgenzio Isabel Prosperus Omme
Ramadan Olive Hannelore August Jann
Blake Alberto Annalotte Adelmann Oldwig
Adelheide Babak Orell Asim Helmwig
Trudeliese Augustina Agapitus Makarie
Ask Lantwin Desideratus Ty Gundel Iwo
Friedmar Gyles Tewes Virve Marzella Jalo
Erhart Cetinsoy Dortel Filomena Sievert
Amatulwadud Brunone Arsi Ammon Ginger
Frierun Lauri Galla Byrial Hariulf Leonid
Birger Bantje Dietmute Gilberte Besnik

Manolito **Ferdl** Humberto Bodard
Helgard Azim Aune Endrich Derik Coby
Garnette Holma Yannic Esri Eleutherius
Willibald Ueli Félicien Williram Guda
Hadumod Conz Bendine Dolph Dimo
Traute Cemre Jacinta Hayley Luick Alain
Hartmute Tuure Gritt Manila Ilja Bettina
Aglef Silja Alke Heshel Aurelius Lolita
Tobsy Howard Anshelm Ola Iina Aatto
Bienes Lisenka Cihad Ulrika Tim Fidelius

Ailton Alkor Hana Blaine **Odile** Rumold
Aichard Usmar Elsita Trine Fayvel Garey
Marigard Euphemie Berinike Caren
Alderich Edelburg Danjo Eevi Buster
Carlheinz Georgios Leone Gratian Frode
Gretlinde Diederike Eilert Esmeraldo
Greger Abdel Stanislaw Pjotr Lesley
Wendel Anelma Enes Egecan Bernhilde
Priska Pippo Danko Vincent Agostin
Herrada Eos Atsur Albrant Glenn
Heimefried Jazmin Sumajja Vito Deodat
Ache Bionda Charis Hemmo Erlfried Bories
Volkart Orvo Heimbrecht Warja Zlatko
Gustel Elvi Torsten Gunter Issac Hugues
Patricia Fritza Florianus Herlindis Ama
Aziza Giulia Angela Abdelaziz Beat Behic
Eve Orthold Tirza Akebono Thommy Ismo

Gunlinde Arleen Erko Battal Parsifal Agnus
Liebmann Hal Hughes Eileen Agost Gittel
Noyan Thorid Lisel Coletta Benon Emo
Veva **Qurratulain** Atanur Lube Jacek
Bertraude Randall Alphonse Adeodatus
Amor Adam Abida Edward Pavla Adalmar
Ghislaine Volkan Etan Antonius Dmitrij
Alvar Veli Saara Heribert Falkmar
Gottfriede Giselheid Claudinette Bernd
Durdu Georgene Dietmunde Charlie Okka
Valeria Ugur Lucilla Andrijan Ciro Angel
Windelgard Fiorenzo Ellenlore Tjerk Arlene
Gregor Clarie Jarrod Lorena Penelope
Amorn Arkadie Brenda Achim Barthel
Wilgunde Malcolm Gaudenz Ago Annalisa
Anniina Valma Elia Jahn Bartholome
Baptist Delano Lauha Edwardina Trautmar
Thomé Frohilde Marcelline Isko Henye
April Ami Almund Tjalf Arkadi Henrika
Irmengard Achmet Ermelinda Fadia Freerik
Allie Hanswerner Anil Hernán Agoes Phil
Tarcisius Wencke Tida Alba Gábor Sieger
Ranko Gilmar Bernward Wastl Chalisa
Hero Gussie Ezechiel Hansjoseph Faivish
Gerharde Illja Hanspeter Altti Rodegang
Lidiya Olcay Burghilde Egbrecht Asik
Volprecht Winiold Tuovi Bastiaan Berat
Greetje Godwin Valpuri Berfin Bogumil

Edla Fausta Loy Egil Raafael Agur Ursola
Fearghal Berlinde Heide Henderik Dorthe
Enny Alinda Fabo Sean Ulbert Arsenius
Sveva Evangelist Ernestinus Georges
Blasius Willimar Hedwiges Ignacio Ashkan

Henrico Oswald Lenox Bilé Urho Eutropia
Cordula Esperanza Isberga Basil Glynn
Helleborg Orson Betholde Gregorio
Antaeus Driton Irving Aloisio Byrge Alf
Elsike Bathilde Gwil Ian Toyanç Hansgeorg
Brose Poul Wernhilde Herbie Caspar Hadil
Ahmat Darko Ascanius Aginald Udo Amme
Tebaldo Fester Leslie Firmin Winona
Nurbanu Tahira Aliisa **Ritche** Agi

Cemalettin Adalward Laurenz Traugott
Werno Erdemay Akses Ertrud Brennan
Edin Bonifatius Emine Cebrail Heima
Engelberga Bonus Lilo Lenard **Harro**
Bjoern Christlieb Ernstina Odina
Guendolen Ericka Benoit Christos Erhard
Annetilde Aysen Loretta Haze Faust Ursule
Immakulata Geena Hellin Sigga **Leena**
Attila Florentina Dietrade Ferdie Erika Ilpo
Dietger Bonifazius Fauna Martine Diez
Veijo Azzing Marieli Holdeger Hussain
Dwain Dorotea Patti Friedebert Atro Hilda
Weigel Ebenezer Alvy Wichard Duana
Alida Archie Oktavia Hopcyn Mariechen
Beyza Gudmund Urbana Gamil Annekäthe
Trudlinde Aretha Glaw Hartlef Radiyya
Aaron Longin Marise Berkant Cakmar
Herschel János Isenhard Hala Erhun
Edmunde Dmitry Eitelfritz Badulf Aulikki
Julianus Guntram Halid Nuri Dilara
Adelgard Diwis Tore Frederik Frodehild
Adolf Ingtrud Jacinthe Bilgehan Algonda
Corette Victoria Bediz Danka Janita Erik
Grant Osbert Giachetta Ezel Stanislawa
Aurea Valdemar Estrella Ludwine
Hadburga Basilia **Genoveffa** Frizzi Hardi
Peregrinus Alea Larissa Timotheus Timofej
Geradus Siw Alban Triston Ghaliya

Gottwald Cormac Amalinde Agge Denes
Guillaume Guilietta Levin Petrissa
Irmentraud Lasse Irmhild Janie Anneke
Alexandro Adalrad Fabrizio Abbas Gilg
Apolloninus Alette Bedil Balthasar Umaima
Constanze Lienhard Emmerich Ulfo Berfu
Jannette Firminus Alburga Carmela Tobi
Quintinus Eveliese Hannah Azzo Erhan
Irmfried Lanzelot Gea Friedegunde Aslihan
Willhart Cesarine Eleonoora Cyr Adonis

Alard Tiede Agata Barna **Landewin**
Sola Tricia Engla Tilmann Timpe Gisselle
Marwin Aubrey Harder Anni Doguhan Dieta
Malfriede Isik Olof Ilu Volkbrand Friso
Halima Anders Lilith Carey Freja Eilard
Akila Dolf Hermio Aloys Erdim Babetta Uri
Pier Adalrik Bedrettin Bagis Leutfried
Warand Oguzhan Annetta Marga Manus
Booker Håkan Sophy Hannemarie Findlay
Heinzkarl Cindy Abraham Gottliebin
Yalman Petronelle Adda Cesaire Visa Sirri
Thurismund Deinert Hadmunt Adalrich

Leevi Beke Ano Wignand **Gundelinde**
Elçin Hemke Genoveva Trixa Unno
Winston Bodowin Gladwin Yigitcan Ursina
Theodosius Wilgard Jani Waldebert
Amerigo Adelward Antje Pernetta Altmann
Sylvi Bud Bror Farag Denys Ulfred Preston

Robert Fulger Ljuba Felipa Flavian
Feodor Helmko Allrich Henrikki Almerich
Tjark Wigbrand Hansjörg Angelica Geeske
Hisein Iva Wibert Gerwig Fulbert Algunde
Eklof Amke Uljana Annina Arendt Gwenda
Bogomir Sissy Ascan Betta Topias
Gaetano Tristen Amelie Gerthold Canay
Pietro Artturi Behcet Ratbald Walfrid
Arnhold Awe Carlota Gesa Aldous Liam
Viggo Burhanettin Winand Aysin Theopont
Hari Berendina Alessandra Winno Prikt Ota
Debra Tutku Asbjørn Cleveland Fahim
Brend Heather Enya Fletcher Fawzi
Bernarda Ataalp Emmig Burton Hjalmar
Ufukcan Tiba Gisbrecht Agimo Daltin Tizia
Cris Hilja Faralda Edmond Valeska Urte
Adelher Polly Davey Widukind Elmi Willie
Emmeran Hanke Warren Egolf Bryana

Ekkehardt Rathilde Alben Janek
Gebbert Hela Trunz Giselbert Frohmut
Marcello Hieronymus Greet Lea Janko
Timo Grégory Hermien Stanislas Gypsy
Herwiga Diddo Octavian Alfa Martili
Sonngard Polyxenia Fathi Aja Gregory
Amand Libor Bonnie Humberta Luither
Hadmute Lucinda Hese Sieghard Aku
Eckehard Halsten Zyriakus Carmine

Abigail Aali Fabienne Frek Orest Regino
Walburga Silvio Perdita Valente Clodia
Beneke Gaylord Bernulf Hildelies Annine
Delfine Gib Tenho Theophila Heimtraud
Peppi Gertrudis Hamna Cenap Lazar
Bahne Darcy Mariana Brett Dietz Agin
Tony Wilmar Hristina Ejderhan Bürk
Garsha Lisabeth Faiga Ephräm Bess
Fabianus Caryn Fernand Jean Sieke
Hayden Luise Torald Waltheide Heidelore
Elwood Fides Barney Beste Beau Thiemo

Dorika Ludeke Olavi

Heriberto Friedelind Thure Curth Gebhard
Amanta Gertrudes Welmot Hennilotte
Friedolin Gabby Phila Daggie Voit Terry
Nunzia Cantekin Libussa Valérie Brogio
Darrell Reynold Valten Odine Berchtold
Dilan Anitta Fulrad Notburga Harmony
Liebhild Hakima Annerose Wilfrid Agilhard
Beng Ursel Vihtori **Marcella** Evalotte
Ayaz Barberine Asketil Luithilde Uffo Fabia
Guntlinde Tom Gena Wina Basilea Isaiah
Gunborg Gisèle Stasik Varpu Baldebert
Theodolius Ewara Lubentius Donet
Saphira Alanus Sixten Unto Askan Ulla-

Britt Len Werburg Gussy Landulf
Bernhardt Werhart Wigbald Viktoriane
Carrie Hektor Amalrigo Celestina Curtis
Raban Gunberta Silvain Tjadina Tilly Rörd
Stanel Egward Tiziano Dione Dagwin
Baldegunt Tuija Astra Notburgis Erten
Winred Emily Beytur Helmke Ilkim Jaclyn
Adelmund Dortje Bernwart Elaine Hakon
Ricke Marius Ede Walfriede Aura Waltrun

Amenyo Janne Esso Margery Oliva
Anauld Lüppe Theobald Chen Waldomar
Samra Utlinde Blanca Markhard Reino
Thewald Theodard Humaira Sherry Baki
Thyminae Hamo Dörde Ferran Alburg
Brünne Isfried Amiena Amalfried Barut
Detlef Lucy Vappu Azius Tido Ferdy Sigurd
Sandrine Ilkka Ingobald Aappo Erek Ceyda
Frowald Ole Gotthilde Vera Audomar
Hildegard Fita Alina Gervaise Coral Tommi

Sigbert Basko Thaddäa Dethard
Eugenie Alessio Grete Hyazinth Andreas
Basti Bart Dietolf Sadie Weke Thona
Hedvig Gotthold Adelaide Adelrad Achille
Jarred Trudo Alarich Waltram Heimberga
Hansi Sanni Amina Hischam Hildebert Ato
Bathildis Laurent Ägidus Eyck Ediz

Margot Balte Irmingard Gela Stephan
Bünyamin Thyge Diane Notkar Fayetta
Herwin Warnfried Harris Bati Werna
Oceana Gay Linus Arminius Wendula Amir
Romain Ilene Akbas Erja Flossie
Concordia Erwin Dyke Fabrice Christoforo
Male Goddard Dmitri Athanasius Benn
Arabella Smarula Domenico Mateo Budak
Siegmar Tillmann Lucio Dankward Ewald
Fleur Tilde Harms Farran Bayrak Cansu
Reglinde Hannele Ford Alpar Almud Pippa
Hildebald Hilal Adelgonda Adauktus Gabrio
Gaspard Pilvi Ertun Tilda Faddei Ismunde
Tito Hansruedi Sonnhilde Atakan Laurentia
Hella Charlotte Alita Jannik Andela Jaana
Amber Wade Alexia Lew Absbert Ernfried
Mat Eugenio Marina Leanne Francis Atilla
Geba Mason Helmuth Wiltrud Felice Hani
Costa Greig Helmer Dorota Dwen
Hannelene Ayça Hector Ossel Mallory
Rentje Susi Ricka Davis Lada Ernfriede
Finne Titia Roch Elger Fidelia Gervasia
Framhild May Finn Isidora Marcelle Alyssa
Ismael Benjy Susannah Shane Erer
Gerlach Eckeward Teija Marierose Lincoln

Zwi

Frithjof Arista Václaw Edoardo

Kelly Sigismunda Leonore Hafsa Kylee
Eskil Erin Hélène Roman Eduard Othon
Lucza Altan Henryk Silvia Savanna Grete
Hazael Brittney Etienne Kardelen Tyyni
Eldrick **Harmke** Valentino Haul Heddo
Jewell Klaudius Ermis Adeline Erbil Corrie
Ancla Lucien Eber Ri Dietwolf Rauha
Ehrentraud Berthold Inse Alexandru
Dagfinn Andra Ilselotte Marcellus Cankut
Juliaana Parzival Fedele Metje **Harve**
Ottilie Cyriakus Kody Itha Erno Kamryn
Ashley Walthard Mirella Eranil Melusine
Heini Johnathon Adolph Volkwald Stefanie
Magnar Baudouin Celadet Jerrit Uland
Edelberga Aslak Diemo Eeva Riglef Hans
Erni Barnim Alwart Toby Aada Barthelmy
Emmet Olly Lion Barbli Ithamar Egilo Afdal
Hunold Jerome Toimi Offe Burckard Eoban
Cag Fonsie Hilpert Emilianus Dieudonne
Elna Godhard Letta Mae Gandolf Nea Alja
Heimko Alphons Dorinde Gafar Hadewin
Mahomet Gerry Thiade Fieke Wesley
Fraser Dion Siri Ottone Mark Adrien
Deta Reineke Ayni Albuin Celestino
Benje Emircan Jacques Erdursun Harriet
Gottlieb Alaattin Danilo Erminold Stanerl
Jamil Evangelina Ibrahim Ephrosine

Bonaventura Brasch Swindbert Kjell
Erich Akelei Gian Alexei Petrina
Maksimilian Acar Alkmund Adalmann
Schöntraut Dittmar Frisco Wendi Gabi Adi
Erlfrid Morena Dietlind Urbanus Bilge Allen
Rodrigue Edeltrud Idita Addi Tebbo
Reinharde Jarno Marjaana Ule Philipp
Helmgerd Regis Tooms Ellinger Grahame
Hariolf Luitbald Cherno Lowis Florentine
Elmira Nickolas Jörn Cyprianus Beryl
Richer Giselle Cemil Diedo Kaarle Joana
Erdinç Odo Hertta Hanja Ilario Ebru Pierre
Hugbert Alperen Silvano Alejo Caglanur
Hudson Alda Akan Candidus Deborah
Irmenrad Randulf Romi Hall Dela Randwig
Hartlieb Wiburg Nihat Constantine Jason
Algis Gundobald Domenik Leonhard
Ambrose Adalfried Teutwart Diethard
Magdalena Emilie Ludolf Mandi Bertfried
Richlindis Isa Reginbald Kalliope Diktus
Teida Geerta Ergin Lothar Mirtel Katinka
Eliel Rabea Enrico Siegrid Maibe Balaban
Hale Geraldina Severi Burcu Arntrud Klara
Chrysanthus Micah Niilo Cara Warnart
Yasmineen Frankomar Gunn Genette
Adelburg Harvey Kirstan Agritius Bartosz
Cleo Heidwig **Lennert** Hertrud Eckart
Mariele Poldi Virna Charitas Stephany Irem

Stone **Domingo** Benoît Adelgot Alwara
Arko Karolina Byron Helmbald Jens
Emerentia Orschel Mabel Raakel Ciera

Eka Brittany **Muchlis**

Heinz Ruqayya Sixtus Adelgunde Uno Bret
Gottwin Algan Candace Burak Folkbert
Eina Kreszenz Theda Laurence Malve
Carole Lukretia Thetje Age Mervenur Jyri
Volrad Helinä Dilia Brooks Lestere
Winibald Brit Erkenhild Armanda Consuelo
Frodewin Baruch Bringfriede Ursuline
Neval Gerhard Rienzo Gonsela Merle
Gistrud Chrysostome Richhilde Silvester
Erginal Anselmi Cornelis Wito Stephine
Adnan Cagla Breanna Gretchen Thieß
Alfger Folker Elk Hilbert Gritli Esko Hillel
Christiana Landolin Karlhans Rochelle
Efrain Fachtna Agnia Bosse Liesa
Friedemund Marleen Babs Arwed Meltem
Wingolf Halina Degenhart Hannerose Elie
Edelmira Alayça Inka Margita Finnja
Cathleen Virgie Swidbert Thoralf Arndine
Imelda Ossy Alebrand Haio Annegerda
Engelhard Dogudan Gundolf Arend Tiemo
Adelina Britney Beath Harrietta Ehrfried

Eitelwolf Burgkhard Ljubinka Seraphine
Bastian Barendina **Benedikt** Marquard
Nolde Viktorine Kamar Roque Chester
Bascho Sevgi Vanda Khalisa Ogulcan
Sondra Virva Rumolt Lenhard Sauda
Vuokko Lorene Molly Jenni Aleksanteri
Fred Giosuè Tammy Pitt Sezin Wemkelina
Lelio Antanas Heiko Hattie Stacey Ufe
Petronilla Wilmont Jenny Ozan Wiete Herdi
Ohto Bertold Debbie Conway Branko Józef
Frolinde Candy Annette Fabricio Bilal
Othmar Freimund Eck Eberwolf Luitfried
Rolando Ilppo Latif Tycho Armas Trudwin
Dicky Alfonsa Alanis Josua Fedot Pilar
Friedegard Tamima Paulette **Celestine**
Gergely Tillman Niklaus Dittmer Orvokki
Prima Giorgino Doriana Harmonia Giseke
Kuisma Aristide Bertug Kenan Canal
Gregg Jerker Sergius Hede Mino
Rodehilde Hansgerd Nilüfer Erkentrud
Gilles Pál Felicity Talea Epimachus Zissi
Longinus Makarios Gerda Trutz Alrike Jyrki
Zachery Iro Theodoro Sybilla Franka
Blanche Norman Reimunde **Sib** Chlodwig
Lionardo Margalita Herrmann Simo
Leandro Saima Friedeburga Ewerdine
Carljürgen Wilgund Lucian Arka Liberta

Dusko Cherilyn Cristobal Dalila Annegard
Mirjana Gaynor Volkhilde Leon Margaret
Edna Morten Kristian Tamara Elli Gerrard
Geraldo Merten Claire Lyydia Gardi
Vincentius Berk Christel Erdenay Damion
Farley Friedhild Mella Myrthe Dedde Gia
Evgenij Bjerne Cagil Ettore Christoffer

Wibranda **Elke** Nante Jessie Ece Kam
Tiziana Harriette Okay Amalia Jurek Efkan
Franeka Otl Arfst Dafne Ferd Erry Rudolf
Ermhilde Alpaslan Arnhard Illo Hubertina
Henna Chlothilde Lysander Otmund Balkan
Cassian Stéphanie Clarisse Wiho Line
Trauthelm Drutmar Wiggo Celalettin Mirta
Teutobod Marijan Herbert Marisa Luitfriede
Heimbert Konrada Adaldag Eiltraud Clarice
Sampo Garrelf Chrysant Eggo Waltrud
Franciska Einhard Colin Katlludwig Colleen
Ameline Agnete Egloff Grigor Erdogdu
Amin Kieran Hermandine Giselmar Erwine

Uthman Sonja Brigitte **Burt** Kaisa Ivanka
Belinda Ihsan Margret Helmgard Luitger
Jonni Armin Erma Garrit Helka Romek
Evelina Landfried Anjuta Bergunda
Prudentia Billfried Alwyne Justa Gilbrecht
Cille Hagir Gutrune Leni Rodolfo
Frodemund Maren Röbbe Engel Alpan

Irène Bennatz Alkin Kraszentia Annalena
Luisemarie Ecke Finja Adelinde Gandulf
Dervis Adonia Lissa Gudrun Alrik
Adalberga Franklin Ulla Gasparo Conner
Ebba Keno Estella Pole Bork Iivo Leola
Burghard Birgitta Anneli Jorit Renskea
Cornel Heidelotte Oleg Thorbjörn Natalia
Ernstotto Humphrey Salme Giulio
Ferdinando Ludovicus Rolande Gebine

Gwillym Mieke Ursle Erasmus Asgaut
Arto Luitwin Erkenbrecht Griet Jarvis
Vigoleis Inga Harland Salomon Arild Ingwin
Clara Friddo Luitbrand Elsabe Kristy
Magga Elmar Lies Gotthelf Viveka
Regiswinde Alec Brook Udele Sigri Ivar
Mehmetcan Eberwin Weikhard Bas
Miranda Luqman Jethro Erwan Benito
Kathrine Kodey Eray Nonna Ataullah Elmo
Serge Ilsetrud Morty Dinc Conn Anjuschka
Arnulff Lenke Innozentia Walfried Conny
Danielle Gislind Aischa Odkar Sippo Helgi

Vergie Faysal Hartbert Asser Cole
Foline Honor Egino Bertida Damien
Emanuela Lüde Amalina Conan
Hildegunde Albinia Kegan Fadila Zoey
Lorina Reno Seraphinus Cengiz Kimmy
Stephen Eiltrud Selçuk Ortraud Lazarus

Rolof Jacintha Jennie Steffi Hildefons
Regina Jochem Abilo Hannibal Keegan
Sista **Gast** Elisabeth Wanda Kiia Peer
Linnart Woodrow Baykurt Jori Maja Charly
Cooper Aldobrando Heddy Sonia Demiriz
Hildor Tobie Afra Clementine Euricius Cilla

Aykan Gotlinde Frerich Siegulf Alkim
Ingwelde Leroy Gunther Raafael Lowise
Wigmar Clemente Traudhilde Rudhard
Lorencz Gustaaf Juuso Aiden Heinko
Muammara Kunibald Detwin Volkerdine
Alkuin Buggo Balwin Dietberga Ania
Roosevelt Antonella Cemal Juanito Anesti
Evamaria Raymond Adelbrand Alphard
Ludolfine Mira Paavo Tayyib Lemmikki
Hannegret Nihan Wilhelmina Augusto
Nikolai Bernadette Durmus Barthelomäus
Urmina Ado Thore Aatu Giselher Isabella
Bernharde Zenzi Amatrrahman Berengar
Aggie Feodosia Julien Immanuel Kaye Nell
Emek Sointu Camillus Badurad Carli
Mikayla Simonne Ahrend Esen Uljas
Anatole Irja Wunibald Thibault Arnfrieda
Volbrecht Hamilton Ernstjürgen Otmar

Stani

Arved Odalinde Andrea Ferdinanda Aamu
Can Duran Rebeca Yonca Boyd Wolfraud
Ilmatar Guntrun Agnolo Ebermund Maxime
Dietfried Radegund Elliot Charley Selay
Giuseppina Pankraz Honour Volko

Esmeralda Oxana Terka Oguz **Launo**
Horatio Agim Pius Michel Krystal Lane Jimi
Edelgard Dunstan Reuben Inken Austen
Hildebrecht Furkan Theoderich Rodger
Broder Ricus Abegail Agoston Laurids
Paulne Irmalotte Bodebert Jedidiah Auno
Eberta Deodata Malachi Ahmet Welfhard
Ninetta Wala Djahangir Matleena Guntrade

Willegis Reetta Wernt Brün Gerhild Enzo
Erkurt Emeran Tristin Kordula Celina Holle
Ecenur Otthein Reimondis Ebong Hansrolf
Casey Thonny Joanna Hildemar Boleslaw
Hatty Carolyn Ale Momke Berend Haamida
Hindrika Hilaria Benedikte Siegward
Siegwald Loretto Volrat Charles
Eberhardine Volkhart Tomas Toralf
Kayleah Carsta Lissi Carter Radka
Metehan Guillerma Lois Arrigo Lebold
Heineke Pirmin Hyginus Lennelotte
Fakhriyya Hertwig Gloriosa Marald Bedri
Erlfriede Carson Dixi Hammond Gunthild
Asija Filiko Ahmed Hubrecht Ceviker
Tommaso Lutmar Elvan Hette Lavrans
Mirko Anissa Friedwald Farah Heinsaß

Latasha Aarre **Walthild** Fuad Estrid
Swinde Everdine Damiana Coralie Henrik
Contardo Dorukhan Deodatus Bilibald
Chloe Radulf Caritas Balderich Lisette
Nafisa Leonharda Claudette Weiart Gary
Ermlinde Ege Zala Alaaddin Hermanni Falk
Tamim Kristopher Brecht Gebke Necmi

Lizzi Rupprecht **Trudberta** Dolly
Balbine Bedis Antti Asena Ulli Detert
Caroline Luitwine Reinhilde Relf Candice

Fabien Franko Christa Aswin Mikko
Armgard Andrjuscha Kamila Anzo Iken
Gesinus Aldo Ariel Leoni Sirkku Manuel
Maia Hanjo Fryderyk Liefried Aksit Ciriaco
Anniela Helmbod Clementia Ingwald
Dionys Andrew Hroswitha Feodora Gunnar
Daryl Hugdietrich Asgeir Bertgunde
Adalbero Meinholde Dorinel Kristi Leif Offo

Friederun Edyth Eskild Baykara

Tasso Ilgaz Faruk Star Alexandrine Flavia
Gunilla Berthild Anne Akke Azoitei Derek
Dallas Hanneliese Gullbrand Brinkfried
Osmar Grigor Theodor Wolfhard Bora
Aksay Sophus Clarelia Lodewig Delila
Johannes Selina Bisch Haidar Miles Hena
Bruno Gage Eliane Epiphanus Paschalis
Herborg Rudenz Grigorij Elisabet Esmond
Ingewert Terzia Florianne Ewgenij Dolitta

Trisha Malvina Allard Paula

Kordia Jocelyn Gerborg Ernstine Idis
Caglar Erkenrad Giosetta Atak Anima Glen
Rhiannon Angus Hubert Bryce Alheidis
Heilmar Halil Hesso Annemargret
Jacquelyn Janine Leda Arnoald Mertel
Shawn Vilmos Hendel Fran Aenna

Bastienne Adhelm Egid Wanja Konradin
Michele Luithold Bake Edeltraud Samu
Hippolyte Maha Luiselotte Debold
Celikkaya Florence Andre Imina Elvira
Ahasver Géraldine Paternus Edelt
Guglielmo Reija Katina Myron Gilla
Annebarbara Sanna Violante Cliff Herold
Clarke Khalis Benson Cathy Nicolaus
Umar Vicky Janusz Wandeline Kevon
Tarkan Burgunde Vicente Melcher Mammo
Dries Maxim Hansjosef Konradine Li Tylor
Columba Conradin Lona Barnard Kirill
Seraph Chuniald Engelburga Ortwin Cihat
Abe Frede Nonke Siegbert Momme Fedder
Edlef Emal Asger Philippina Abbo
Petronika Mariah Toni Kastor Ephraim
Collin Egbertine Anibal Clifton Lukman
Nigg Zander Hendrika Pirjo Arndt Gotthelm
Faizel Nicolas Sitt Madelina Segimund
Ilkay Lennox Ortensia Yalçin Lena Ilker
Viktoriana Eppo Fia Aurel Doug Eric
Maaret Eido Layton Alinde Jorge Altman
Ulrike Béatrice Mada Mena Vreda Renie

Thorben Marcela Wilm Juta Altinay
Verita Alfio Jasir Cyril Bartina Eula Huberta
Vérène Eustachius Jovanka Morton Gesine
Katja Laurens Lynda Sintbald Hortensia

Gundula Donar Egilbert Romano Holden
Hendrike Hildebrand Metta Berthi Gerhilde

Otwald Markku Efraim **Dano** Michaela
Beyhan Adèle Dominika Maika Annerl Iris
Kelan Edsart Guntmar Karita Nikoline
Irmelin Dewald Kallisto Arkadij Clementina
Stig Harlan Liddy Gerlind Helma Weriand
Melse Kader Nanno Clelia Jarrett Fidelis
Atze Irmenbert Akim Yolanda Evrim
Pierette Cyra Borvin Jeannette Jamey
Hadebrand Goran Arsacius Asaf Romana

Mort Ingelore Lodewik Joë **Reimara**
Jonas Lenora Friedegund Octavia
Kunigunde Gardenia Liesemarie Achilina
Stanisl Dionysia Gumprecht Maschinka
Wilko Heider Godelinde Brahimi Christie
Nolik Swanburga Areta Tammes Edith
Caitlin Tilse Kelley Cesio Baldouin
Seraphina Corvin Petronia Rosetta Sebald
Evelyn Fulke Bona Alvin Iltsch Dan Hein
Miguel Nelleke Horatia Billa Aime Mckenna
Petar Andruscha Ruven Ossian Didem
Stanze Albina Susie Cher Johnny Asgard
Hagar Arsen Erne Erginay Bradley Elio
Bernhardine Brian Danyal Intisar Vico
Lempi Aiman Albhard Kelsie Germain

Xerxes Briga Tapani Agna **Cansunur**

Stina Marcelo Ernest Celil Florens Fabius
Vital Ermin Cafer Otburg Bartholomew
Lowik Rosita Modesta Fabiano Alraune
Aino Tilla Hellfried Lionel Gunde Nadide
Enrique Bernhardin Isenbrand
Sanelma Euphosyne Ernestine Cristof
Zyprian Laura Etta Edmondo Kora Thordis
Franz Lorna Thie Anise Doortje
Konstantine Remko Graciela Justin Oswina
Aloisius Gurli Marlene Arp Rufina
Kolombine Chelsey Sylvester Baturalp
Aurèle Ervin Radenko Vilhelmiina Reinald
Herbrand Levi Devin Gigi Madlene Joseph
Jusuf Just Kasper Adalberte Eirik Guntfried
Aysun Pyry Asmen Fernanda Gwenn Erim

Lukacz Veronika Mihala Amatus Guido
Maruf Lorraine Sohvi Gerald Jemina Elmeri
Lotte Herms Nielsine Walli Hippocrates
Wigbert Aysegül Karla Theuß Oskari Enis
Berke Maie Muhsin Alastar Alfwin Sofie

Achilleas Reimar Bekim Edwige Buket

Erla Linda Richild Zölestine Raif Pinja
Kenina Luitbert Untamo Noa Adeltraud
Sissa Engelfried Erminolde Salome
Wyneken Edwardine Melitta Sigismunde
Trautmann Helias Yigit Masetto Erenay

Esta Alwine Clark Irmeli Bosso Maline Gillo
Hiob Friede Ville Biterolf Christine
Meinarde Bastia Gösta Silvette Helmburg
Dithelm Lippold Rautgundis Autbert Heinke
Anthonio **Cesarina** Edouard Buse
Miina Flann Sinem Lenz Sufyan Heibert
Fatime Änne Okko Laurel Hagen
Eberharda Anjo Mikail Aija Varus Alwin
Ender Landon Deleonte Lottie Ilg Marcus
Donoald Cagan Malberta Defne Josel
Mumin Carlheinrich Pancratia Cody
Friedlinde Baltrun Dot Renske Miika
Imogene Adria Flavio Arnd Olofa Enhard
Kivanç Firenze Willehalm Fulk Titus
Egmont Hervé Ducko Wieke Ernie Bircan
Wolfgunde Ambrus Lidia Gundeline
Ingemaren Hartwich Aginulf Kari Jul
Farfried Andriko Hakim Aini Arpad Xylon
Lily Theodemar Emmett Jochen
Corbin Aira Alruna Aida Cong Fleuretta
Arent Erkengard Juho Dankwart Basch
Franzi Chrysostomus Olaf Eveline Malte
Rikkert Odilio Carsten Damian Lone
Anjelica Lubbo Engli Elgar Johnathan
Rumena Eckardt Akira Aelred Ebergund
Sander Selma Celia Diederik Usair
Egilhard Cincino Grégoire Oscar Hansjürg

Frajo Nyyrikki Esa Burchart Agea Alemdar
Carlos Saku Vidal Sedanur Irmo Arke
Mignon Maira Louis Moni Emicho Adalger
Hérault Serkan Bantus Ernestin Damiano
Venla Ilknur Toini Folant Erenfrid Klaif
Alfonsine Aydogmus Wendelinus Bjarne
Suhaila Achill Cäcilie Heli Abo Sixtina
Mariella Marc Elisie Bike Kathrina Korey

Amal Charity Steffel Obba Zakariyya
Odilie Rega Engelmar Kasey Appollinarius
Oliver Cheryl Ash Maxilie Lambrecht
Darrlyn Aspasia Leona Atif Adelram Cem
Innozent Emrecan Kristen Effi Haydar
Raita Keie Vitale Mylene Rudi Aureus
Candemir Kerry Batiste Dursun Aljasa

Abelone Kersten Bengt Kleitos Honko
Eulogius Güniz Hannedore Mattie Tatiana
Fioretta Leopolde Erkol Ruthilde Dean

Diethardt Hugh

Clay Maureen Damean Aba Frowin Forest
Laurentius Pola Mihai Chase Iago Siem
Eustach Kaie Eda Hippolytos Dincel Ingwer
Jörg Alfried Humaid Mariska Erasme Tiia
Dincer Nora Filander Iring Basri Alheid
Daphne Emerenz Alrich Galdo Herald

Leander Noreen Cecilia Ethelred Brandolf
Reinmar Jabbe Lex Reinolde Nik Candan
Karolyn Almeric Lillie Ägid Istvan Raimar
Aka Rafaela Håkon Alpdogan Lancelot
Winnefred Mackenzie Celio Baldus Olinde
Eilward Branimir Ester Lieselore Federico
Haralda Patsy Dithmar Heidewig Korinna
Alva Trenton Elena Maryse Wibeke
Erminia Hernando Florian Wladimir Hinrik
Vinzenta Hanni Sämi **Adem** Cesar Uriel
Zdenka Feta Siegbod Sulamith Katrin
Nadescha Djaafar Berlind Marita Kenna
Nisanur Fridoline Rolph Alvaro Engelbert
Kerkko Raulf Sieghild Adele Gisberga
Matthäa Kigan Seth Adama Gotthilf Zilla

Sachso Maitane Jo **Akulina** Waltraud
Taylor Ridsert Asis Maryrose Karel Aleksis
Batho Raffaelo Gerde Marlit Dien Harith
Bandulf Raschida Davide Barbe Friedward
Karlheinrich Velma Phöbus Jonny Biggi
Eiteljörg Inez Doma Djarmila Sibrand Bera
Barkin Dankmar **Friedemarie** Aristid
Adalgar **Monte** Fortunato Leberecht
Hermgilde Robbie Elsine Demirkoc
Markward Tami Debald Side Mats **Genie**
Hinrich Rieghard Everword Ramiro Ferhild
Herta Ahti Salentin Walter Markolf Memory

Xaveria Dietbold Roluf Anjanette Eglof
Cyriacus Georgi Antero Mariamne Hansel
John Lala Zenaide Andrei Jouko
Fortunatus Adalwolf Gertrude Luithard
Sandria Gerolt Ilga Charisse Quintin
Yasemin Jussuf Sarp Rieka Gina Saana
Radegunde Otwine Elanur Safija Janika

Keisha **Fridrik** Beth Mari Dittrich Kornelia
Ilta Helmine Gerwald Elsi Rusen Marjatta
Tia Fortune Mizzi Birtan Jimmie Tord
Heimfried Roux Zalman Geli Melchior
Swantje Fitz Herlof Arnhilde Henriette
Ludvig Mirjami Pete Holly Silviane Giuditta
Hobe Jana Joni Ursulane Thaddäus
Benigna Afif Reto Renka Thesi Ratfried
Vittorio Vilppu Tanner Laverne Dicle
Bethany Brictius Bernardo Niccolò Marfa

Kamala Rosalinda **Reinulf**

Hajar Senni Roselita Meijer Siegfried
Klarina Jolene Malwida Claud Viljo

Viljami Arturo Claudine Aileen Orthilde
Inkeri Wasja Gershom Sevim Bryan
Philippine Gaetane Salma Bastien Wintrud
Gusta Lucile Verona Kumsal Wigburga
Bicem Egidio Aynur Havilah Kimberly
Blandina Lisbeth Rhonda Jodie Fidelio

Harri Mense Donato Kumaira Cynthia Mart
Sonya Zofia Talia Sibo Katie Philomene
Adiran Mauricette Zacharias Swidgard
Fromut Raschid Silka Marvin Dottie Randi
Sinan Francisco Cyrill Millie Zehra Mael
Rahel Servazio Garth Mischa Berno
Kastulus Demut Gilbertine Vesa Bertl
Ottmar Friederich Nonneke Sheryl Sorja
Reimert Karysius Otgunde Tessa Burkart

Folkert Kolomba Kadir **Walto** Madina
Taimullah Grzegorz Rafael Alhard Kiara
Horace Reintraud Gerwine Giuseppe
Muadh Aniel Maila Walpurga Selja

Talvikki Ivonne Zeno

Bilke Perikles Banu Viliana Sedef Dorthy
Katjuscha Herbald Scharif Kinga Kory
Rentius Quint Musa Siegburg Kimiko Dylan
Manko Sydney Franca Hugbald Sepp
Gunthelm Marielene Honora Briktius
Siegtrud Cedrick Susanka Ladonna Ratilo
Tjabbe Tetje Asan Felicitas Walty Jacob
Arcadius Eliza Tunja Gerardo Rosalita
Madelena **Goesta** Florenze Marcos
Pontian Mervi Dua Sauveur Thurid Gerhart
Kornelius Friedemar Sebastiano

Christopher Graeme Jutta Joséphine Runhild Dogu Osane Farid Palmiro Eward Rikhard Ove Otfriede Rex Abelina Jayla Herlind Omke Bodobert Quincy Philhard Gert Marissa Raila Pidder Axi Malina Sidney Jenning Rüdeger Aristides Magel Yagmur Meinbod Hedda Johanna Eylem Siegmunde Sibylle Jindrich Hiba Konstantin Pulmu Raúl Nina Andi Uvo Istraud Daggi Peppo Remmert Anna Marianka Dammo Uliana Alber Efsane Wighard Teut Schweder Zenobio Gunnhild Madeleine Marguerite Edelberte Gerke Renzi Agnita Gita Andy Katrijn Zarina Henriikka Hildemund Ferdi Alberich Cyprian Felicien Ritserd Tahir Sanne Priscille Desmond Philomela Faustinus

Reba Ena Gildebrecht Tabea Vanna Ottogebe Danika Sebert Volkberta Gerolamo Canberk Rainier Rigo Romina Milda Sulho Evaruth Jamin Volma Tiny Alfonso Hildeberta Johnson Gerlindis Milva Konstantia **Hennig** Joosef Aydan Emirhan Nando Denise Midge Mie Livius Lolitte Burckhardt Winibert Ditte Josette Hanne Aribert Jorina Reinfried Yunus Frances Ferdinand Frankie Dorette Hoimar

Traudhild Ingvar

Schafik Suzette Matilde Sylvana Cyrille
Outi Barnát Melissa Tereska Kylli Victoire
Lahja Edwine Bernhart Ethem Gellért
Yavuz Alwinus Frigyes Germar Nolan
Lampert Pepita Florentius Berndt Ratbert
Frodegard Tomaso Alrune Rodebrecht

Pikka Gildo Nicolette Egilmar
Reinhold Saliha Rebecca Mehmet Ismar
Gerd Fey Krister Merlin Klotild Wolfgisbert
Marja Frigga Hayleigh Maëlle Luzia Regine
Jocki Jessika Ruben Iluska Juliette
Rotraud Erpo Reikhild Hadjar Katri Dietrun
Dogruer Artur Kustaa Höpke Nettie Katlyn
German Gall Nicole Deddo Seyfettin Deger
Naemi Georgine Estevan Pal Maelle
Montgomery Rilana Ingar Jella Paulina
Kastehelmi Godofrey Sent Sallie Let
Rappo Danniebbele Rocco Emmeline
Bjorn Wilfried Reglef Kondrat Oldrik Einar
Adalbod Ferenc Rainold Peggy Kasimir
Hercule Ejnar Gismara Katrina Herward
Esben Carina Iwan Bartalomeus Melisa
Ottomax Raven Siddiq Lambert Joris
Zwaantje Howie Reinward Romulus

Jumana Ve Chad Clint Nancy Ava
Manne Didier Nisa Annukka Nuria Randy
Toms Miklas Timmy Wega Graziella Dode
Eckard Varinka Darrel Hillevi Farud Othilde
Esteban Adriaen Milan Jaromir Salama

Asiya Petronike

Algün Frankhilde Glenna Urschla Renée
Katharina Kaappo Friedger Tammie Nona
Jenifer Loisa Jodi Bahadir Teodolius
Claudel Dawson Raunhild Gergeli Tommy
Reta Biaggio Paul Katrien Raginald
Zdenko Garrick Sascha Righard Estela
Aleko Halvdan Flori Jalila Tugçe Francene
Herb **Mirl** Sixt Äbi Merta Joann Giso
Melsene Kaapo Anatol Karrie Minja Maite
Gregoor Suvi Kirsty Niki Katjana Mamertus
Letje Sönke Eugene Michal Selen Sweer

Dietbald Cardy Ailke Ruth Khadidja

Friedhard Eycke Schwabhild Fatma
Osterlind Mayr Tunga Safa Milla Natasha
Monica Susan Zilli Angelia Siebo Tuulia
Björn Daud Dionysius Meinhard
Mariantonia Christophine Panja Eilbert
Svava Pretiosa Braxton Ika Otger Joord

Robina Kiefer Giordano Barbaros Mattias
Mckayla Nella Malin Mert Otkar Didar
Audrey Alla Jonath Herwig Romy Gordian

Ates Svea Dietlindis Florentin Sadjid
Reimbod Samet Frankward Kayleigh Saini
Wulf Meret Ermenhard Angelus Katariina
Tina Demir Merih Patrik Wilfredo Bertrand
Patricius Volmar Muhammed Isias Macy
Deinhard Reinwald Wiebke Fredo Sanetra
Kacper Nikolaj Zammert Regiswinda Flavie
Olivet **Shirley** Jayson Rigmor Hannfried
Rodegard Nihatcan Ben Muchtar Hoiko
Matteo Baha Hildburg Zita Florus Ercan
Sigisbert Elftrud Menna Friedrichkarl

Janfried Rolf Alboin Dionysos Angelino
Térèse Stachus Ivy Magdalene Siegbrecht
Krysia Muadha Halvard Clarisa Makayla
Giacobbe Edsert Kristal Noel Cheyenne
Dayna Kurtis Svantopolk Michaele Guntrad
Azzam Severine Raisa Agimar Teuvo
Danielo Alannah Jekaterina Josephin
Roope Weeka Salih Nabor Albine Willo
Amöna Saaza Trudpert Meir Wolhelm
Keiron Sasso Chalis Rubens Rike Juanna
Hippolyta Annelotte Germano Eberhardina
Semiha Tulla Sidonie Roderich Arniko
Tuula Milo Friedebrand Reimund Hildtrude

Elfgard Vilem Regula Selman Costja
Frank Everhard Kläre Waldmann Kerttuli
Gret Romeo Saphria Teetje Tamino Thesy
Jamo Billhilde Kalidas Tapio Touko Rumen
Ingomar Reimute Dominik Berte Fabricius
Serina Firmus Donny Soini Ivette Verda
Gervasio Marjut Gunne Hailee Griet Gracia
Gretel Benno Kennet

Thusnelda

Ceslaus Gevert Troy Blaise Vilhelm
Diebold Reinholdine Gorden Mika Rachael
Olfert Andras Rupertus Welda Topsy Lucie

Plazi Ringulf Kassius Frigge Robertine Swanhild Adelrune Enrik Frans Suad Elischa Raino Pinkas Rambald Rötger Ares Freyde Susette Garnet Radmilla Ksenia Bara Dayana Drees Hollis Wernburg Margarete Sandrina Keefe Wernhild Yvonne Aleksandr Teutomar

Gralf Vit Kristel **Jessica** Shawna Helmo Samantha Sebastiane Terhi Barto Kean Garrard Frodeger Jirko Kailey Maruschka Deven Fido **Lorette** Gesche Prisca Sine Kostja Helli Emmilotte Désiré Benvenuto Geoffrey Luitberga Skyler Jacub Antioco Ibbo Chresten Zalona Domitian Aysenur

Kriemhilde **Joonas** Tiina

Makarius Valentinus Alwy Simonetta Dragutin Angie Eine Gesina Arnoul Eike Hilke Rhabanus Gérald Julia Tagino Evamarete Floora Demircan Su Dewayne Xaverius Aische Rutger Uffe Siegbrand Pamina Igino Cristoph Bertulf Brun Floyd Alejandra Gismar Nine Edistus Dietwald Jonathan Haylee Becki Hemerich Ataho Theudelinde Rauni Walram Karianne Argun Dilek Edite Berryl Ingraban Malak

France Sidonia Selim Gaudentius
Hildemara Nestor Reagan Traudel Evan
Foster Georgianne Reiward Hildemut Jerk
Filbert Kourtney Rudgard Xander Janette
Jessi Kelsey Idil Sue Godo Maik Sunhilde

Rigbert Uwo Lyly Frantiszek Grazia
Kelli Kaylie Wolfhold Bailey Anselma Silvie
Marilis Swante Dietmund Wolfhild Rikus
Meinulf Florette Adalbold Carin Riek Cezmi
Stoffel Aytac Dimitrios Reingard Aylin
Thietmar Frederigo Kurratulain Judy Elisa
Pantaleon Treulie Siegfriede Annedore
Friedrich Gomer Dankrad Karri Gill
Floriane Gottbert Bernwalt Vilmar Rosalba
Martin Ottwine Violette Pankrazia Zenta
Mielikki Fredrick Wayne Erling Meinfried

Johanne Régine Ninja Isabell
Bartu Schorsch Meinald Edmunda Jenaro
Yusufcan Feyza Siiri Talida Paavali Rona
Kalyan Lexi Sylvian Albin Debby
Jürnjochen Mies Fromunt Redlof Edwina
Adna Nordbert Walburge Gillian Tuomi
Margie Gerbold Kirsi Hermin Gebskea
Wladislaus Reintje Zissy Sirk Riley Selin
Gerbrand Yannik Busse Garrett Terttu

Nabjiba Seibolt Odilberta Ilgi Evarose Sevi
Gianni Lydie Rutland Lys Delina Zina
Melody Zenovia Geertje Runa **Ronja**
Anne-Sophie Nelda Meta Barbro Goncagül
Ghassan Meno Stoffer Jirka Kobe
Guntbrecht Syste Muhammada Memke

Jodokus Arbo Gawel Rul Renko Marla
Baldo Frauke Jackie Katy Zäzilie Henry
Kathryn Adorée Aigolf Zarin Wazlav
Treumunde Nela Helvi Bosco Chantal
Nanon Rita Nette Richard Friedbert Moll
Golo Waldfried Karoliina Justice Reintrud
Fox Huldrych Scarlet Rowland Dele Darin
Zane Uli Janning Joder Absalon Gisbrand
Nikoletta Taha Crescentia

Rösli Kiaran Gershon Ulrik

Neele Abbie Hilarius LOurdes Burgit
Nanne Merve Ilsedore Wolf Richlind
Mercedes Renza Bernie Jürnjakob Martl
Erkanbert Melia Barnet Tahsin Félix Kimo
Rauli Fergus Enzio Helinda Detlof Marek
Bartolomé Philippus Javier Paulinus
Maybritt Barberina Heilburg Roderic Meeri
Tyrone Zanaida Ortlind Caleb Klemens
Osman Raquel Silas Jaro Philippe Bibieno

Arttu Serenus Constantino Bozkurt Morris
Apollinaris Hassan Liuthild Hansbert Ines
Mathilde Valer Ekkehart Kreindel Guntbert
Gerard Kerr Wolfer Winnie Piata Taina
Gjurd Amac Tino Tekla Sireno Burghart
Matheu Ziena Wolftraud Fay Em Aillin
Marhold Aki Stacie Ninon Djawad Giorgio
Goofy Magda Damla Simón Ridwan Ylermi
Myrtha Pirkka Albertus Arifa Salman
Freddie Keeleigh Melk Asbjorn Elert
Mommo Ninette Kyros Bernger Renzo
Diethilde Vinzentia Sikko Shayla
Aleksander Rodehild Ghada Abba
Schamsuddin Gayelord Theodulf
Nathanael Grace Hansine Dogaç Gennaro

Radomila Deert Answald Betti

Hanfried Kjerstin Karlheinz Tamás Roberto
Roni Onni Salim Wolfhelm Petz Josefina
Joachime Sybil Djamil Otis Galdina Ceylin
Isolde Stenka Bruntje Kailee Katherine

Gottlobine Lucas

Ishak Tage Willbrecht Ilsebil Lorelies Gaia
Fips Bobbi Henneke Aila Bill Maarten
Haytham Milena Rickey Helgo Norbertine
Brandulf Niculaus Albo Mekenzie Korderlia

Nete Jolana Kathie Mick Stella Zora
Stefano Berndfried Cyriac Ottar Ahsen
Ansa Sigiswald Wimar Luizian Graham
Schuaib Gautier Dogangün Suse Wippold
Lale Erinfried Kullervo Orsola Süleyman
Herwath Sieglinde Agemund Eberhilde
Hard Rambert Shelia Nadia Bryanna
Hamid Reymond Pauline Alpo Pals Pirkko
Saturnin Mihály Geoffroy Reinburg

Fastmund Nabjib Kosmas Kaisu Veicht
Stenzel Maternus Meike Suoma Jackson
Saladin Taru Dankfrid Cölestine Tucker
Tiffany Ernstaugust Balint Aristus Johnnie
Hermengilde Teddy Agilolf Gellert Lajos
Jousia Eldem Jasira Bode Reinfriede Enno
Ali Rene **Isger** Schwanburga Ulric Atac
Azalee Ebergunde Salinde Tayfun Rudibert

Gwer Hansjakob Katelyn Arnt
Camryn Eginhart Morgan Sirja Hiltwin
Eberharde Gretel Aldona Rothard Ferike
Stewart Herkko Rudolfine Hartger Raja
Agustín Festus Renard Karlmann Camilla
Patric Salomo Siegher Hermanna Waldo
Adalmund Tetjus Schafiqa Sabin Simone
Taavi Wide Joey Vincentia Evren Irmak
Karlludwig Adelberga Lisse Uhl Otburga
Doguer Silke Jöran Josi Aytun

Blasi Klithilde Alexandra

Rosine Fredy Happy Glyn Eiko Karenza
Auden Gion Gottschalk Paola Nikki Ottfried

Ortolf Gotthard Desidera Maximin

Onurcan Orville Ellis Cigir Micha Fidda
Cäsarina Wikko Taavetti Gismut Bozyigit
Floria Haifa Woody Dewey Apollonius
Harmonie Vanamo Ronny Ottona
Ludgardis Arnfried Sultana Hanifa Altay
Josianne Ferrand Dietmunda Gamzenur
Brynjolf Wolfger Rella Eini Maudlin
Kendrick Katrischa Hellmuth Marielore
Josefine Haamid Urmas Reilly Maro Arda
Sinikka Pack Tatu Jorgen Albert Sybille
Rolfkea Dole Hafiz Wilka Tauno
Reimbrecht Mila Raphaël Holkje Akin
Wunibert Kleopha Aubin Meriç Florentia
Tomheinz Nadine Pasi Tove Innozenz
Stillfriede Sigmunde Ferit Reni Julka Sulo
Konsta Briana Lükardis Ulfart Nita Wiba

Servatius Hanna Anouk **Sarah** Petri

Vinzenz Fenja Sherrie **Besim** Alisan
Freyr Kosimo Didda Henner

Meinwald

Majella Mikaela Jorn Danos Kyler Manfred Omer Elvis Netta Helko Milli Wellem Peter Basilius Wig Mailis Rabea Magalonne Focke Rupert Rebekah Elcin Säde Wyatt Krista Cristobál Heike Lubbe Ambra Toma Tytti Class Crispin Kaarlo Taylan Mateusz Doriet Anastasia Diana Cay Otburgis Battalgazi Wolfhorst Mansur Amon Mafalda Ferhan Marcelin Bomi Aurelio Marjukka Danja Gioacchino Patrick Alwina Garry Zalo Laurette Lolo Alma Dietbert Dareios Sheila Kornel Susa Laurits Auguste Mildred Haug Folkher Ritva Winemar Fedelma Abelke Karsta Foma Donat Jorinde Ott Sena Lamont Kristóf Gerbod Almut Suitger

Alonso Haribert Marica **Marit** Régnier Baltwin Alfrad Mickel Amalgard Yudum Dirk Kaleva Reichard Friedeward Agilbert

Arnika Kasia # Roseanne

Helen Santtu Hadamar Aybike Jockel Bertil Egidi Hazal Vidette Aydyl Jukka Mumina Ingaliesa Liina Mattea Will Katarina Ruprecht Neal Rosel Iikka Hera Reinhard Rix Zinnia Carolina Taiga Marjukka Danja

Gioacchino Patrick Alwina Garry Zalo
Laurette Lolo Alma Dietbert Dareios Sheila
Ragna Dorrit Reitz Leila Jos Lorie Adalie

Fenneke Criska Roseann Taline Bartolo
Giselbrand Wendelin Masud Kassian
Dietberta Rupertina Siddiqa Megan Gavin
Aleksandro Gerritdina Selmar Marshall
Gwenneth Ruusu Jenna Karlene Otil Taisto
Gislinde Gil Madison Vasja Wiegand
Köbes Josée Keithia Geralde Hiddo Malika
Lucette Lätizia Ortolt Gioachino Oskar
Karda Noelle Heinar Glenys Siegbald
Feiko Ricardo Stefan Eliano Iikka Hera
Reinhard Rix Zinnia Carolina Taiga Khalifa
Silvo Perpetua Wälti Silvelin Krystina

András Olfer Frowein Delfons Zahra Cita
Zanab Nelli Hilppa Ejlif Ari Maija Yolande
Ringolf Ros Daris Marlon Gretlinde Heilke
Mareta Wella Sczepan Evangolos Iines
Mainio Renan Roda Arntraud Ingold Joe

Mareta Wella **Maurus** Balda Gertrud
Reinmund Lidwina Darwin Perla Ahto
Radomil Samuel Sten Coretta Aldeger Adel
Zella Sandy Andris Semanur Schaima
Judita Treumund Huldreich Veera

Reinhardine Giraldo Manja Marilu
Freeman Kreszentia Nicolaas Achaz Voitto
Evergislus Jusra Waltrudis Nastasja Oluf
Berthilde Daaje Otto Anu Gersom Adolfina
Kimmo Eligius Yaver Rudger Jerg Karl
Aysan Ersen Heiltrud Bado Esra Gladys

Boie Riina Lernhard Siggo Kemal
Ernestina Anike Dee Wedis Hobby Hammo
Fortunat Ghayth Oktavian Finley Ayko
Raya Michaline Lieselotte Rachel Adelmar
Kierra Diefried Ilsetraud Otwin Longina
Theodolinde Raute Carola Jula Bartizan
Vickie Erdogan Malen Martje Zölestin

Jakobea Karoline Kwasi Saila Davy
Kendal Gerallt Goswin Filibert Tracie
Görres Tade Pat Dennis Josina Beatrix

Mathias Olli Tabe Serra Hidda Rifqa Meo
Marzellinus Dagfin Leopard Baturay Lörinc
Gillis Basim Hilldemara Tarek Cöleste
Nicolai Fynn Wismut Peyton Stefanida

Dawud Aybars Anuschka Tayler Ommo
Kolja Manda Jalal Mombert Edlard Enan
Jeremias Matthias Fannie Sherri Meinward
Hellwig Rudo Mascha Kenelm Liebwald
Michalina Anikó Ratwald Kayra Bade
Yakub Siard Bendix Alp Liebhard Bauwe
Ciril Adalbrand Sulevi Risto Ruby Eckhardt
Berty Maximilienne Richbald Hauke
Ecenaz Debora Gideon Guadalupe Keke
Wolodja Radlof Fikriyya Menno Malena
Trina Zenobie Alexandr Rosi Hallie

Krimhilde Clieo Biankarose
Rebekka Gun Gurinus Niko Carlpeter
Agimund Grada Iiro Rösle Dilaver Glory
Jordon Cölestina Volla Herkules Kae Elbert
Stephanie Rother Margo Werngard Tori
Winimar Walt Yasira Halldor Lana Théodor
Aloysius Geoff Hilaire Sonnfried Bogomil
Akihito Alwis Felipe Joscha Helmina
Dorothée Greta Amalgundis Arman
Matthieu Metin Chris Gamal Hervey
Brendan Taija Della Raimo Nordfried
Schakira Mirjam Tasha Belina Klaas Csaba

Roderick Giorgia Boris Margareeta
Fredegar Talha Besir Piera Ruetger Renja
Selke Marcin Randolf Fulgencio Karyn

Riku Faris Sherman Sibylla
Vinzentine Denizali Kilie Mimmi Rixta Joke
Christarose Heiderose Audifax Imo Juana
Eilmar Xandra Juliana Hilkka
Batholomeus Sumayya Ocke Maxi Luna
Fernandel Betje Jolanda Rod Romona
Renaud Auni Eicke Akko Roelke Salka
Alfgis Sonka Muchlisa Sivi Dubravka

Dianne Carrol Wigger Tess
Assunta Rosario Kenneth Simeon Dorena
Cäcilia Augustinus Viivi Krisztina Remo
Bayram Bibbana Raffaela Janna Filiz
Natalina Isentraud Theresa Lise Rito Maris
Godebert Soile Danis Kolman Kamal
Gregory Sewal Mouche Pirita Athalia
Hartfried Katya Diamond Jill Bogdan Kenith
Ehlert Umut Burkhard Binyamin
Bertechram Sanja Jonko Madyson Nantwin
Faithe Vilho Nicola Freija Josefa Jerald
Berrak Stan Giselberga Chasity Ulpu
Maryann Yvan

Platz für Ihre Notizen

Platz für Ihre Notizen

Platz für Ihre Notizen